D1720787

Man denkt an das, was man verließ,
was man gewohnt war, bleibt ein Paradies!

Johann Wolfgang von Goethe

Alt-Danziger Weihnacht

Erzählungen, Gedichte und Geschichten
aus der weihnachtlichen Hansestadt von einst

Gesammelt und bearbeitet von
Ulrich B. Marker

Illustriert von Finny Marker

Umschlagbild: Finny Marker, Blick vom Bischofsberg auf den Johannis-Turm, St. Marien und Rathaus-Turm

Die Deutsche Bibliothek – CIP-Einheitsaufnahme

Alt-Danziger Weihnacht : Erzählungen, Gedichte und
Geschichten aus der weihnachtlichen Hansestadt von einst /
ges. und bearb. von Ulrich B. Marker. Ill. von Finny Marker. –
Husum : Husum, 1994
    ISBN 3-88042-702-X
NE: Marker, Ulrich B. [Hrsg.]; Marker, Finny [Ill.]

© 1994 by Husum Druck- und Verlagsgesellschaft mbH u. Co. KG,
    Husum
Satz: Fotosatz Husum GmbH
Druck und Verarbeitung: Husum Druck- und Verlagsgesellschaft
Postfach 1480, D-25804 Husum
ISBN 3-88042-702-X

Vorwort

„Städte und Landschaften werden getragen von der Art und der seelischen Haltung ihrer Menschen. Aber nicht immer ist der Mensch das Maß aller Dinge, oft sind die Dinge das Maß des Menschen."

Im Sinne dieser Worte des Danziger Dichters Martin Damss soll diese Sammlung von Erzählungen, Gedichten und Geschichten aus der winterlichen, weihnachtlichen einstigen Hansestadt an Weichsel und Ostsee den Danzigern, die all dies noch selbst miterlebt haben, eine Erinnerung an ihre unvergessene Heimat sein.

Für ihre Nachkommen, die schon in der Fremde aufgewachsen sind, aber auch für alle volkskundlich an Brauchtum und Sitten im deutschen Osten Interessierten, soll es ein Rückblick sein in eine Zeit, als das Hochfest der Christenheit das größte und schönste Familienfest des Jahres war, das freudig und beschaulich zugleich im häuslichen Kreise begangen wurde.

Ein Rückblick in eine Zeit, als „Geschäftstüchtige" noch nicht eifrig bemüht waren, Advent und Weihnachten nur zu einem hektischen und gewinnbringenden Konsum-Rummel zu degradieren, und als der Wert der Geschenke noch nicht an ihrer Menge und an ihren Einkaufspreisen gemessen wurde.

Auch „Anno dazumal" lockten weihnachtlich dekorierte Schaufenster in den Geschäftsstraßen zu Weihnachtsbesorgungen und zu Geschenkekäufen. Aber die eigentlichen Weihnachtsvorbereitungen waren anderer Art: Sie dienten der Einstimmung auf das Fest und ließen die Familien in diesen Wochen noch enger zusammenrücken als sonst.

Die Weihnachtstage wurden dann im und außer Haus so intensiv gefeiert, daß die Danziger sogar einen dritten Feiertag „erfanden". Nach dem allgemein geltenden ersten und zweiten Weihnachtstag gab es in vielen Familien einen „Dritt-Feiertag", der meist zu Besuchen oder Gegenbesuchen von Verwandten genutzt wurde.

Dies alles wird in den Erzählungen und Geschichten dieser Sammlung geschildert, die alle aus der ersten Hälfte unseres Jahrhunderts datieren. Daß sich darin bestimmte Einzelheiten häufig wiederholen – wenn auch unter verschiedenen Gesichtspunkten der jeweiligen Erzähler – ist nur ein Beweis dafür, daß es sich dabei um jene Sitten und Gebräuche oder Ereignisse und Begebenheiten handelt, die für die Alt-Danziger Weihnacht besonders charakteristisch waren und die sich daher besonders großer Beliebtheit erfreuten. Gerade sie nicht in völlige Vergessenheit geraten zu lassen, ist ein Sinn dieser Sammlung.

Bei der Auswahl der Beiträge habe ich mich nicht nur auf die bekannten Heimatdichter und Schriftsteller wie Halbe, Federau, Jaenicke, Damss, Erdmann oder Meyer beschränkt, sondern auch viele weniger bekannte und anonyme Danziger Autoren einbezogen. Schließlich war es nicht meine Absicht, ein hochwertiges literarisches Werk zu schaffen, sondern in einer Art Lesebuch die Eigenheiten, Schönheiten und die Stimmung Alt-Danziger Weihnacht festzuhalten – die es nicht mehr gibt, seit die fast 900 Jahre alte Hansestadt als Opfer der Kriegsfurie im März 1945 in Schutt und Asche zerfiel und ihre Bewohner den Tod fanden oder aber aus ihrer Heimat vertrieben wurden.

Ulrich B. Marker

Rechtstädtisches Rathaus

Danziger Weihnacht

Wolfgang Federau

Dies war die Zeit, da tanzten weiße Flocken
durch Danzigs Gassen, sanken glitzernd nieder,
da klang vom Rathaus-Turm im Spiel der Glocken
die Melodie der alten Weihnachtslieder.

Dies war die Zeit, da standen mit den Krippen
die Kinder in den windgeschützten Ecken
und sangen zaghaft und mit blassen Lippen,
bemüht, sich vor dem Schutzmann zu verstecken.

Dies war die Zeit, da roch's in allen Zimmern
nach Äpfeln, Nüssen, süßen Bäckereien.
Aus allen Augen brach ein selig Schimmern,
ein unbestimmt-erwartungsvolles Freuen.

Dies war die Zeit der schönen Heimlichkeiten,
der alten Märchen und der Kinderträume,
des blassen Himmels und der tiefverschneiten
Wälder ringsum. Die Zeit der Tannenbäume ...

Zu einem Märchen wurde da die alte
geliebte Stadt, dort, zwischen Strom und Meer,
durch die das Jubellied der Bläser hallte:
„Vom Himmel hoch da komm' ich her! ..."

Adventserinnerungen

Hans Bernhard Meyer

In den Wochen vor Weihnachten hatte Danzig in Stadt und Land meist schon das Winterkleid angelegt: Schnee auf allen Türmen und Toren, auf den Dächern, Giebeln und Beischlägen, auf den Brücken und Schiffen, Schnee draußen in den Wäldern, auf den Feldern, den Bauern- und Fischerhäusern, auf den ländlichen Backstein- oder Fachwerkkirchen mit ihren oft eigenartig geformten Glockentürmen. Schnee überall ...

In der Stadt Danzig wurde die Adventszeit besonders feierlich begonnen. Sie hatte bekanntlich zwei geradezu berühmte Glockenspiele: Das flämische Glockenspiel auf dem Turme des Rechtstädtischen Rathauses, das jede volle Stunde einen Choral ertönen ließ, und das Glockenspiel auf dem großen Westturme der Katharinenkirche, das jede halbe Stunde einen Choral spielte. Jedes ließ also abwechselnd zwei Choräle erklingen, die an jedem Wochenende gewechselt wurden. Am Sonnabend vor dem ersten Advent ertönten ab der Mittagsstunde die ersten Adventschoräle über Giebel und Gassen.

Am Abend dieses Tages wurde mit Posaunen der „Advent eingeblasen". Erwartungsvoll fanden sich zur bestimmten Stunde immer sehr viele Menschen in den alten Gassen um die Gotteshäuser ein und blickten zu den Türmen hinauf. Hatten dann die Rathausglocken ihren Choral gespielt und die achte Abendstunde geschlagen, begannen vom Turme der Oberpfarrkirche St. Marien Posaunen feierlich die erste der alten Weisen – „Wie soll ich Dich empfangen" – in alle vier Himmelsrichtungen ertönen zu lassen.

Am allerschönsten gestaltete sich das Adventsblasen eine Stunde später vom Katharinenturme, da er selbst ein Glockenspiel* besaß. War es verhallt, setzten auch hier die Posaunen ein und ließen eine andere Adventsweise erklingen. Bei der vierten Strophe begleitete der Organist dann

9

vom Glockenboden aus den Posaunenchor mit dem herrlichen Glockenspiel. Ein unvergeßliches Erlebnis!

An den Abenden der Adventswochen saßen die Familien in Stadt und Land beisammen. Hinter Spiegel und Bilder – auf dem Lande bisweilen auch unter die Deckenbalken – hatte man Tannenzweige gesteckt. Man sang gemeinsam Adventslieder, las Märchen und Geschichten vor, genoß die in der Röhre des Kachelofens gebratenen Äpfel, deren Duft das ganze Haus durchzog, und knabberte die ersten Nüsse, Krachmandeln, Datteln oder Feigen. Scherenschnitte wurden gemacht, Pfefferkuchen mit leuchtend bunten Oblaten verziert, bunte Papierketten für den Weihnachtsbaum geklebt und Nüsse vergoldet. Insgeheim besprach man auch schon allerlei Überraschungen zum Fest und die Kinder schrieben eifrig ihre Wunschzettel an den Weihnachtsmann.

Waren die Kinder zu Bett gegangen, begannen die Weihnachtsvorbereitungen der Eltern. Der Vater arbeitete an Pfefferkuchenhäuschen, an Verkaufslädchen oder Puppenstuben und die Mutter nähte, strickte oder stickte. In Familien, die sparsam sein mußten, wurden teilweise auch alte Spielsachen repariert und neu verschönt. In den häuslichen Küchen herrschte Hochbetrieb. Pfeffernüsse und Lebkuchen wurden gebacken – vor allem in ländlichen Haushalten – oft noch in schönen alten, vererbten Modeln aus Obstbaumholz. Auch Marzipan wurde in vielen Familien noch selbst hergestellt.

Am 6. Dezember warf das noch so ferne Fest seinen ersten Schimmer voraus, wenn der Nikolaus, eine dem Weihnachtsmann ganz ähnliche Gestalt, die Kinder beschenkte. Allerdings trat der Nikolaus kaum noch selbst auf, sondern nur noch scheinbar. Den Kleinen, die am Abend zuvor erwartungsvoll ihre Hausschuhe vor die Stubentüre gestellt hatten, füllte er sie mit Äpfeln, Nüssen, Pfefferkuchen und anderen Näschereien.

Der heute allgemein übliche Adventskranz kam in Danzig erst nach dem Ersten Weltkrieg auf, und teilweise dauerte es zehn und mehr Jahre, bis er sich durchsetzte. Der

Adventskranz war übrigens nicht eine so ganz „neue Mode", hinter der viele nur „findigen Geschäftsgeist" vermuteten. In manchen Landgemeinden hatte man schon früher sogenannte Adventsbäumchen gekannt. Das waren kleine Fichtenbäumchen, die man mit vier Kerzen schmückte, von denen an jedem Adventssonntag eine mehr angezündet wurde, so wie es jetzt auch beim Adventskranz üblich ist.

Während die Familien die stillen Stunden der Adventszeit – ungestört von Rundfunkgedudel, Fernsehen und Verkehrslärm – in Gemütlichkeit und Innerlichkeit verbrachten, ging es auf den Straßen schon recht lebhaft zu, zumal die Geschäfte bis acht Uhr abends geöffnet blieben. In den Schaufenstern standen schon wattebetupfte, lamettaglitzernde Weihnachtsbäume als Hintergrund für Winterkleidung und Schlitten, für Marzipan, Spielsachen und andere Geschenke. Besonders an den drei letzten Sonntagen vor dem Fest, dem „Kupfernen", „Silbernen" und dem „Goldenen", waren die Geschäftsstraßen voll von Menschen mit Paketen und Päckchen, aber auch von Kindern mit blanken Augen, die sich an den Schaufensterscheiben die Nasen plattdrückten.

Zur Adventsstimmung trugen natürlich auch die Weihnachtsbaumverkäufer bei. Ihre Verkaufsstände für Fichten und Tannen waren auf dem Heumarkt, am Stockturm, auf dem Dominikanerplatz, vor dem Zeughaus und auf Mattenbuden. Es duftete dort förmlich nach Wald. Wenn dann erst, in späteren Jahren, die beiden großen Tannen vor dem Artushofe ihre vielen Kerzen erstrahlen ließen, dann war es nicht mehr weit bis zum Heiligen Abend.

Wann der Weihnachtsbaum als Lichtträger und Mittelpunkt der Bescherung in Danzig aufgekommen ist, läßt sich nicht genau festlegen. Zunächst kannte man nur „Weihnachtspyramiden", etwa 50 bis 150 cm hohe Holzgestelle, die mit Tannengrün umflochten und mit Kerzen besteckt waren. Vermutlich wurden unsere heutigen Christ- oder Weihnachtsbäume erst nach der Franzosenzeit von 1807 bis 1814 durch preußische Offiziersfamilien allmählich bekannt gemacht.

Typisch für die Danziger Adventszeit war der alte Volksbrauch des „Krippensingens". Bis um die Jahrhundertwende gingen auf dem Lande Gruppen von jungen Leuten mit mehr oder weiger reich ausgestatteten Krippen singend und Gaben heischend von Hof zu Hof. In der Stadt zogen jedoch kaum noch Halbwüchsige, sondern fast nur noch Kinder von Haus zu Haus. Die meisten von ihnen aber standen an windgeschützten Stellen inmitten des abendlichen Hauptverkehrs, ganz besonders an den Einkaufssonntagen, etwa an den Beischlägen auf dem Langenmarkt, im Grünen Tor oder im Langgasser Tor und besonders gerne im warmen Zeughausdurchgang. Sie tauchten aber auch anderswo auf, jederzeit bereit, zu verschwinden, wenn einer der „Schiens", also einer der Schutzmänner, sich sehen ließ. Das Krippensingen, das als eine öffentliche Ordnung störende Bettelei angesehen wurde, war nämlich verboten. Aber die meisten, gutmütigen Polizeibeamten gingen an den Kindern vorbei und guckten weg.

Die schönsten dieser Krippen bestanden aus einer Holzkiste mit einem nach vorn unten abgeschrägten Klappdeckel und wurden an einem Schulterriemen vor der Brust getragen. Darin befand sich eine von Kerzen beleuchtete plastische Darstellung des Stalles von Bethlehem. Die Figuren bestanden aus Tragant-Masse oder bemaltem Zuckerguß, später auch aus bunten Ausschneidefigürchen oder gestanzten Gruppenbildchen. Wenn dann der Krippensänger, es waren auch oft Mädchen darunter, noch über eine schöne Stimme verfügte, blieb der klingende Lohn nicht aus, und die Kinder konnten damit sogar oft ihren armen Eltern eine kleine Weihnachtsfreude bereiten. Es gab darunter aber auch üble Spekulanten, die mit einer lieblos dekorierten Schuh- oder Seifenschachtel um so lauter schrien, statt zu singen, die allgemeine Mildtätigkeit auszunutzen versuchten. Bei ihnen, die jede Einnahme gleich in Näschereien umsetzten, sah der „Schien" allerdings meist nicht weg.

Am Ende der Adventszeit, am Nachmittag des 24. Dezember, wurde dann der „Heiligabend" wieder, wenn auch in anderer Art, „eingeblasen". Sobald die Dunkelheit angebrochen war, zogen Bläserkapellen – stets mit einem schwarzen Mantel und Zylinderhut bekleidet – durch die Straßen und Gassen der Stadt und ihrer Vororte und spielten die altvertrauten Weihnachtslieder. Viele Familien warteten mit ihrer Bescherung auf den Augenblick, wo so ein Bläserkorps in ihrer Straße, vielleicht sogar in der Nähe ihres Hauses verhielt und vielleicht sogar mehrere Lieder hintereinander hören ließ.

* Die 32 Glocken des Spiels von St. Katharinen haben als einzige den Zweiten Weltkrieg überstanden – auf einem „Glockenfriedhof" in Westdeutschland vor der geplanten Einschmelzung.
Das alte Danziger Glockenspiel erklingt jetzt stündlich vom Turme von St. Marien in Lübeck.
Auf gleiche Weise erhalten geblieben sind auch zwei der großen Glocken der Danziger Marienkirche, die jetzt in Lübeck und in Hildesheim läuten.

Advent

Gertrud Walkhoff

Wir sind beisammen im traulichen Kreis.
Advent ist gekommen, wie jedes Jahr.
Die Lichtlein flackern, Erinnerung leis'
Sie nahet und spinnt um uns wunderbar.

Die Stadt, wo ich meine Träume träumte,
Im Schein der Kerzen steigt sie empor.
Der Ostsee Welle am Ufer verschäumte,
Vom Christkind sang leise der Kindelein Chor.

Sie standen, die Händchen blau gefroren,
Und hielten die bunte Krippe uns hin
mit dem Kindlein, das wieder uns geboren,
Und hofften auf unseren Opfersinn.

Vor uns Sankt Marien im Winterkleid.
Wie jauchzten die Glocken im Turm.
Sie sangen das Lied der adventlichen Zeit,
Ihr Klang übertönte den Sturm.

Die Flocken, sie fielen so lind und sacht,
Die Wälder, sie lagen verschneit.
Beim Anblick der glitzernden Winternacht
vergaßen wir Sorgen, Kummer und Leid.

Die stillen Straßen, die Häuserreih'n –
Vertrautes Bild, nun im Licht.
Es liegt um sie ein leuchtender Schein –
Sie vergessen, das können wir nicht.

Das Lichtlein tropft, die Stunde rinnt . . .
Wir sehen die Stadt, wie sie früher war.
Erinnerung süß ihren Zauber spinnt,
Sie lockt und webt um uns wunderbar.

So sind wir beisammen im traulichen Kreis.
Wir reichen uns, eng verbunden, die Hände.
Der droben, der alles am besten weiß,
ER führ' unser Schicksal zum guten Ende.

St. Katharinen

Alle Jahre wieder …

Eva Krieschen

Weich und mollig sind die Türme, Dächer und Giebel der alten Stadt eingehüllt in den frischen Schnee. Die engen Gassen scheinen sich noch mehr aneinander zu drängen, der leuchtende Schnee gibt ihnen ein anderes Gesicht. Auch der alte Neptun auf dem Langenmarkt hat sich ein weißes Kleid angezogen, sein Dreizack ist wie mit Zucker übergossen. Still und besinnlich schaut er in die Menschenmenge, die hastig an ihm vorüberzieht.

Es ist der Abend vor dem ersten Advent. Verträumt ragen die hohen Türme in die Nacht hinauf; verträumt scheinen die engen Gassen sich dem Winterschlaf hinzugeben. Doch nein, es regt sich um die alten Türme von St. Katharinen und St. Marien. Emporschauend sieht man eines, dann mehrere Lichter im hohen Turme hinaufwandern. Die umliegenden Gassen haben sich mit Menschen gefüllt, die gespannt nach oben schauen, wann wohl dieser geheimnisvolle Aufstieg beendet sein wird. Höher und höher steigen die Lichter der Wanderer im Turm. Dann Stillstand. Die Luken der Fenster öffnen sich, und hell, freudig und klar schallt über das weite Land mit Posaunentönen eine Weihnachtsweise nach der anderen in alle vier Himmelsrichtungen.

Die Menschen scheinen den Atem zu verhalten. Eine himmlische Musik erklingt aus dem alten Gemäuer hinaus in die Welt: Es ist Advent! Ein alter Brauch trifft die Herzen der jungen Menschen, und jeder geht nach dem Verklingen der Posaunentöne wieder seiner Wege durch die hartgefrorenen Gassen, seinem Heim zu, mit der Gewißheit im Herzen: Es weihnachtet! Bald wird es nach Bratäpfeln, Pfefferkuchen und Tannen duften, bald wird das Marzipan gebacken werden und all die guten Dinge, die nur mit diesem Fest verbunden sind.

Der alte Neptun freut sich, daß der althergebrachte Brauch nicht verstummte. Tag für Tag schaut er hinab auf

Kinder und Erwachsene, wie sie sinnend vor den großen Tannen auf dem Beischlage des Artushofes stehen. Mit offenen Mäulchen und großen Augen die Kinder, verhaltenen Schrittes die Erwachsenen, denn eben tönt vom Rathausturme das Glockenspiel mit einer alten Weihnachtsweise.

Dann, wie um die versäumte Zeit einholen zu müssen, schreitet der Wanderer eilig fort und biegt von der Langgasse mit ihrem vorweihnachtlichen Getriebe schnell in die Beutlergasse ein, auf den großen dunklen Turm von St. Marien zu, und geht eiligen Schrittes weiter durch die Jopengasse, bis er in der Zeughauspassage wiederum den Schritt ein Weilchen verhält, um singenden Kindern mit der Krippe ein paar Münzen in den Teller oder die Mütze zu tun.

Schnell verfliegen diese vorbereitenden Wochen, in denen sich jeder sputet, zum Heiligen Abend alles geschafft zu haben, was er sich vornahm, um ein geruhsames Fest feiern zu können.

Am Heiligen Abend werden dann wieder in den großen Kirchen die mächtigen Christbäume erstrahlen, die eigens für diesen Zweck gewachsen zu sein schienen. Besonders schön und feierlich ist es dann in der Marienkirche, die nie wegen Überfüllung geschlossen werden muß, weil rund 25 000 Menschen in ihr Platz finden – allerdings zum überwiegenden Teil Stehplätze. Wer einen Sitzplatz ergattern will, durfte nicht erst vor dem Eingangschoral erscheinen. Die beiden hohen Tannenbäume am Hochaltar leuchten um die Wette mit den brennenden Kerzen an den Adventskränzen, und ein magisches Licht verklärt den großen, weiten Kirchenraum.

Nach dem Lied „O du fröhliche, o du selige gnadenbringende Weihnachtszeit", das am Heiligen Abend alle Gottesdienste beschließt, werden die Menschen wieder hinausströmen und von einer glitzerden Schneedecke empfangen werden. Eilig werden sie durch die Gassen gehen, die an diesem Abend scheinbar ein anderes Gesicht haben, als an gewöhnlichen Alltagen. Die Weisen der langsam zwischen den Häuserreihen einherschreitenden Weihnachtsmusikanten vermischen sich dann mit den letzten Klängen der Orgeln, die aus den geöffneten Türen der Kirchen hinaustönen: „Christ ist geboren – freue dich, o Christenheit!"

St. Marien

Bei den Turmbläsern

Hans Bernhard Meyer

Sonnabend vor dem ersten Advent. Neuschnee ist gefallen. Mein Weg führt durch die Gassen der Rechtstadt, die Frauengasse und Heiligegeistgasse. Die Giebelreihen liegen im Mondschein, und auf den sie krönenden Figuren und Tiergestalten, auf Neptun und Bacchus, Adler und Pelikan, und auf den vorkragenden Gesimsen und Kapitellen ruhen die hellen Schneepolster ebenso wie unten auf den Portalen, den Wasserspeiern und Brüstungen, den Stufen und Pfosten der Beischläge. Wenige Menschen nur gehen durch die Dunkelheit. Dann und wann rasselt noch ein Wagen und eine Frau putzt die messingnen Türbeschläge zum Adventssonntag.

Dort oben, wo das einsame Licht in Chodowieckis Geburtshaus brennt, weiß ich einen betagten Heimatforscher über Urkunden und Siegel gebeugt, und drüben aus dem Hause der Johanna Schopenhauer kommt Harmoniumspiel. Um den in mächtigem Schattenriß aufragenden Bau von St. Johann jagen Kinder einander mit Schneebällen. Jenseits des noch recht lebhaften Altstädtischen Grabens breitet sich abermals die Stille aus, dort im Bereich der Großen Mühle und von St. Katharinen.

Aber schon an dem alten Fachwerkhäuschen, Ecke Mühlengasse und Katharinenkirchhof, stehen erste Wartende, die bisweilen zum Glockenturme emporblicken. Näher der Kirche haben sich noch mehr Leute geschart. Kinder lärmen aufgeregt. Ich gehe zur Westseite, wo schon die Musikanten stehen, und begrüße den Küster. Nach einer Weile öffnet sich das Türlein, und wir steigen die Turmtreppe empor. Aufgescheuchte Tauben flatterten hin und her. Ein Musiker will eine von ihnen greifen und wird von einem Kollegen zurechtgewiesen.

Oberhalb des Dachbodens wird es enger, der Atem keuchend. Es weht kalt. Mein Vorgänger verschwindet durch eine Falltür, ich folge und stehe unversehens auf der Galerie. Ich kann durch ein Fensterchen in matt erleuchtetem Raum den Organisten erkennen, der das Glockenwerk spielen wird. Die Musikanten enthüllen die Instrumente. Erst jetzt gewahre ich, wo ich bin, denn der Mond ist hinter einer Wolke verschwunden. Ich stehe unmittelbar unter dem weihnachtlichen Sternenhimmel. Da und dort scheint ein leises Zittern um die Gestirne zu sein, deren Bilder ich vom Zenit herab verfolge bis weit unter mir, wo andere, größere, nähere zu mir heraufblicken, die Sterne der Vaterstadt: die vielen erleuchteten Fensterchen in den Giebelhäusern der Altstadt und Rechtstadt bis fernhin zur Niederstadt und nach der anderen Seite hin zur Jungstadt, hinter der weit draußen die Danziger Bucht, die Ostsee zu ahnen ist.

Etwas wie ein Ruck geht plötzlich durch den Turm, und auf einmal ist ein Klingen und Dröhnen und Wogen um mich her: Die großen Glocken unter mir im Glockenstuhl und die feinen kleinen Glöckchen über mir spielen den Stundenchoral. Als die Melodie verklungen ist, hebt abermals ein Tönen an, ganz anders als zuvor: Die Posaunen! Dann setzt das Glockenspiel wieder ein, und um mich her, gleichsam durch mich hindurch, wogt, feierlich getragen, der vertraute Adventschoral in die Nacht hinaus: „Wie soll ich Dich empfangen, und wie begegn' ich Dir . . ."

Dann wandern die Bläser auf der Galerie entlang und stellen sich wieder auf, denn in alle vier Himmelsrichtungen soll die Botschaft gehen; so will es alter Brauch. Während wieder die Posaunen dröhnen und die Glocken gehen und künden vom Reis in der Winternacht, beginnt erst sacht und fein, dann immer stärker, Schnee zu fallen. Wie von silbernen Bändern flimmert es im spärlichen Laternenschimmer, und auf einmal ist es, als schwebten wir miteinander, von Melodien getragen und durchströmt, empor ins All . . .

Haben wir alle solche Gemeinsamkeit verspürt? Wir sind am Ende stumm die vielen Treppen hinabgestiegen und schweigend zur Pforte hinausgegangen, in den rieselnden Schnee, heimwärts.

Worte zum Advent

Carl Lange

Adventszeit, o du schöner Klang,
in ihm ist Freude, Duft und Dank.
Erfülle uns mit deinem Schein,
laß Licht in unsere Herzen ein,
daß täglich heller in uns brennt
der Kerzen Leuchten im Advent!

Adventsgedanken

des Rentiers Franz Poguttke*

Fritz Jaenicke

Miteins aus dusteres Wolkendunkel,
Aus Sorjen- und Novembernacht
Is oben wieder mit Jefunkel
Jen' altvätrautes Licht äwacht.
Scheint's wieder heit von Sankatrinen
Und Sankt Marien, is eins jewiß:
Ganz deitlich sieht ma an de Mienen,
Wer Danzjer und wer keiner is.

Wer nich am Mottlaustrand jeboren
Und Danzich nich als Heimat kännt,
Dem jeht im Großstadtkrach väloren
Leicht dieser Fästklang zum Advänt.
Er heert das nich mang das Krakehlen,
Wo rum er scheddern tut und jeht.
Dem ollen Danzjer mecht was fehlen,
Wänn er das heit väseimen teet.

Dänn bei die alten frommen Lieder
Da wird das Härz ihm wieder jung,
Und mang de Altstadt jeht er wieder,
Väsunken in Äinnerung.
Er lauscht, dick wird's ihm in der Kehle,
Er reispert sich und schluckt, tjaja,
Dänn pletzlich steht ihm vor de Seele
Sein altes Kindheitsdanzich da.

Als noch auf Straßen nich und Plätzen
Kein Auto mochumsch brillt und schnarscht',
Und Weihnachtsbuden bunt von Schätzen,
Sich zogen längs dem Kohlenmarcht.
Und Jungens (tja, der Heimatkänner

22

nach F. J.

Denkt järn auch daran noch zurick)
De Pflaumen- und de Hampelmänner
Väkauft: „En Dittchen Stick fier Stick!"

Ma tat sich mang de Buden dricken,
Staunt sehnsuchtsvoll die Wunder an,
Kick: Sälbst dem blauen „Schien", dem dicken,
Väkauft jen Jung en Flaumenmann!
So zeicht beim alten Klang der Lieder
Sich heit' manch Bild – es war einmal –,
Heert ahmds der olle Danzjer wieder
Vom Turm hoch dem Adväntschoral.

Er simmeliert und kann's nich fassen,
Wo bloß de Zeit, de Zeit bloß blieb,
Seitdem er mang diesälben Gassen
Als kleiner Bowke rum sich trieb.
So steht er da, de Lockenfille
Väschwand, wie manches mehr väschwand,
Und sinnend drickt er heimlich stille
In seiner Hand die Kinderhand.

Und ob er noch son feiner Pinkel,
Er steht, wo die Radaune rauscht,
Andächtich innen Heiserwinkel,
Kickt nach jen Turmlicht hoch und lauscht,
Fiehlt allerlei Jedanken jehen
Ihm durch de Danzjer Seele hier:
„Wie ich hier mit meinem Kind tu stehen,
so stand mein Vater hier mit mir!"

Mach noch so wild ihm rings umtoben
Der Gassenstreit im Spuck der Zeit,
Ihm scheint jen hälles Turmlicht oben
Wie Leuchtturmglanz aus Ewichkeit!
Er fiehlt im Härz, im sorjenmieden,
Nei Glaubensmut und Hoffnungstrost:
Der Sturmfahrt folcht der Hafenfrieden!
Kopp hoch! Es wird all werden!
Prost!

---

* Die „Stammtischgespräche des Rentiers Franz Poguttke" erschienen
während mehr als drei Jahrzehnten in jeder Wochenendausgabe der
„Danziger Neueste Nachrichten", der führenden Tageszeitung. Sie
glossierten große und kleine aktuelle Ereignisse, teils in Prosa, teils
auch in Versform; geschrieben (wie gesprochen) in Danziger „Mis-
singsch", der Umgangssprache der „Kleinen Leute".
Ihr Verfasser war der Feuilleton-Redakteur Fritz Jaenicke (1885–
1945).

Traum in der Adventsnacht

Franz Erdmann

Der letzte Adventssonntag war gekommen. Frau Sophie
Krüger saß mit ihren beiden Kindern, der zwölfjährigen
Carla und dem zehnjährigen Joachim, um den runden
Tisch im Eßzimmer und knackte mit ihnen Nüsse, die zu-
sammen mit schönen roten Äpfeln auf einem großen Teller
neben dem duftenden Adventskranz lagen. Die vier roten
Kerzen brannten hell, und es gab die echte, heimelige Ad-
ventsstimmung.

Frau Krüger hatte ihren Mann vor einigen Jahren durch
einen Unglücksfall verloren. In diesen Tagen kurz vor dem
Weihnachtsfest wurde ihr das Herz schwer, wenn sie an
ihren Mann dachte, mit dem sie sehr glücklich gelebt hatte.
Als das erste, gemeinsam gesungene Adventslied verklungen war, kam von draußen der Klang von Kirchenglocken.
Nun hörten sie noch einmal das schöne Lied: „Vom Himmel hoch, da komm' ich her", und was ihre schwachen
Stimmen nicht vermocht hatten, das tat nun der machtvolle Klang der Glocken. Er erfüllte die Straßen und Häuser
der alten Stadt mit überwältigender Feierlichkeit, so daß
aller Kummer, aller Gram, alle Sorge aus den Herzen der
Menschen schwand und ein glückliches Leuchten in ihre
Augen kam.

Andächtig lauschend und eng aneinander geschmiegt
saßen die Kinder bei ihrer Mutter. Als der Glockenklang
verhallt war, waren die Kerzen schon fast niedergebrannt.
Vor den Fenstern draußen stand starr die Dunkelheit, in
ein frostklammes Gewand gehüllt und eine kalte Nacht
verkündend. Schneeflocken, vermischt mit Eiskörnern,
wirbelten an die Fensterscheiben, daß sie klirrten. „Es
schneit, Mutti, sieh doch, es schneit! Oh, dann können wir
morgen hinausgehen und rodeln", rief Carla. Frau Sophie
lächelte.

Nach dem Abendessen gingen die Kinder zu Bett. Sie
träumten jetzt immer vom herannahenden Christfest, und

deshalb wollten sie auch gar nicht länger aufbleiben. Die Mutter kam an das Bett eines jeden, sprach mit ihnen ein kurzes Gebet, und dann bekam jedes seinen Gutenachtkuß. Frau Sophie ging ins Wohnzimmer zurück und nahm eine Näharbeit vor. Carlas große Puppe sollte ein neues hellrosa Kleid bekommen. Sie mußte sich dranhalten, wenn sie es dem Kind unter dem Tannenbaum auf den Gabentisch legen wollte. Für Joachim hatte sie eine elektrische Eisenbahn gekauft, obwohl nach dem Tode ihres Mannes das Geld knapp war.

Indessen träumte Carla, daß ein heller Mondstrahl in ihr Schlafzimmer fiel, auf dem der Knecht Ruprecht vom Himmel heruntergeglitten kam, mitten in ihr Zimmer hinein. Er trug einen großen, noch leeren Sack auf der Schulter, nahm Carla und ihren Bruder bei den Händen und ging mit ihnen in die Winternacht hinaus. Merwürdig war, daß sie in ihren langen Flanellhemden draußen gar nicht froren. Sie gingen barfuß und doch merkten sie nichts von der Winterkälte. Aber sie sahen den überirdisch schönen Glanz, in dem nun alles erschien, was ihnen auf ihrem Wege begegnete.

Sie gingen durch die verschneiten Gassen der Niederstadt, wo sie mit ihrer Mutter wohnten. Aber bald waren sie in der Milchkannengasse, und als sie einen Blick in die Hopfengasse warfen, wo die vielen Speicher standen, sahen sie einen offenen Waggon, der war angefüllt mit Säcken voll Nüssen. Daneben standen Kisten mit Apfelsinen, Datteln, Feigen und getrockneten Weintrauben. Knecht Ruprecht öffnete seinen Sack, und flinke Hände füllten auf geheimnisvolle Weise einige Tüten mit den süßen Früchten. Die Kinder rissen vor Staunen Mund und Augen auf, aber schon ging es weiter durch das Grüne Tor. Nun standen sie auf dem Langenmarkt, wo vor dem Artushof ein großer Tannenbaum, über und über mit brennenden Kerzen besteckt, durch die Adventsnacht funkelte. Die Kinder blieben mit Knecht Ruprecht vor dem schönen Christbaum stehen, und plötzlich hörten sie, wie eine Spieluhr, die am Fuße des Baumes verborgen war, zu spielen anfing, „Leise rieselt der Schnee", und wirklich schwebten nun große Schneeflocken herab und hüllten Knecht Ruprecht und die Kinder in einen glitzernden Mantel. Nach einer Weile, als die Melodie verklungen war, gingen sie weiter und kamen in die Langgasse.

Da gingen den Kindern wieder die Augen über beim Anblick all der Herrlichkeiten, die in den Schaufenstern der Geschäfte ausgebreitet lagen. Sie blieben vor den breiten Schaufenstern des luxuriösen Schmuckgeschäftes von Stumpf und Sohn stehen. Da gab es viele Dinge zu schauen, die die Kinder noch niemals gesehen hatten und von deren Bedeutung sie kaum etwas verstanden. Aber eine kleine grünseidene Tischlampe mit einem schön geschnitzten Fuß aus Edelholz stach Carla in die Augen. Sie hätte sie gern für die Mutter auf den Gabentisch gehabt. Als ob Knecht Ruprecht ihre Gedanken erraten hätte, streckte er den Arm nach der Lampe aus und steckte sie in seinen Sack. Die Kinder klatschten vor Freude.

Weiter gingen sie und kamen nun zum Warenhaus Sternfeld, sahen alle Fenster hell erleuchtet und mit den wunderschönsten Sachen angefüllt. Carla fiel eine große, entzückend gekleidete Puppe mit prachtvollem Blondhaar in die Augen, die sie gar zu gerne gehabt hätte. Auch jetzt brauchte sie keine Bitte auszusprechen, denn Knecht Ruprecht hatte sie schon im Arm. Carla durfte ihr Kleidchen berühren und ihr über das goldene Haar streichen. Dann wanderte die Puppe zu den anderen Dingen in den Sack. Dann sah Joachim in einem der Schaufenster eine elektrische Eisenbahn. Oh, wenn er die bekommen könnte! Er würde auch versprechen, künftig keine Dummheiten mehr in der Schule zu machen, er würde beim Unterricht besser aufpassen und seiner Mutter nicht mehr Kummer mit den schlechten Zensuren bereiten. Knecht Ruprecht sah ihn durchdringend mit strengem Blick an, und Joachim verstand, was der Blick heißen sollte. „Ich gelob's, wenn ich …" Weiter kam er nicht, denn der Wundermann hatte die elektrische Eisenbahn mit allem Drum und Dran schon in seinen Sack gesteckt.

Die Kinder wußten sich nicht zu fassen vor Freude. Ein über das andere Mal sagten sie Knecht Ruprecht schönsten Dank und versprachen ihm, in Zukunft die artigsten und folgsamsten Kinder zu sein. So kamen sie, ehe sie sich versahen, durch das Langgasser Tor. Da sahen sie vor dem Blumenfenster von Brüggemann zwei arme Kinder stehen. Ein Mädchen im Alter von Carla, und einen Jungen, etwa so alt wie Joachim. Der Junge hielt an einer Bandelage eine kleine Weihnachtskrippe vor seiner Brust. Darin brannte ein armseliges Talglicht und sein schwacher Schein fiel auf Maria und Josef und das Christkind in der Krippe. Man sah auch die Hirten vor dem Kinde knien und Ochs und Lämmlein im Kreise ringsum. Die beiden armen Kinder sangen mit dünner Stimme „Vom Himmel hoch, da komm' ich her". Ihre Stimmen zitterten und bebten wie ihre mageren Körper vor Kälte.

Carla hatte Mitleid mit den frierenden und sicherlich auch hungrigen Kindern, und sie wollte am liebsten in den Sack greifen und daraus eine Tüte mit Früchten für sie herausholen. Aber Knecht Ruprecht hatte ihre mitleidige Seele längst durchschaut. Er griff in die weite, rechte Tasche seines Mantels und holte daraus ein Paket mit Pfefferkuchen und ein anderes mit Süßigkeiten hervor. Die gab er Carla, und die reichte sie den armen Kindern. Diese wußten vor Glück kein Wort zu stammeln. Ihr Staunen aber und ihre Freude wuchsen ins Unermeßliche, als sie zehn blanke Silbergulden in den Päckchen eingebunden fanden. Nun hatte für sie alle Not ein Ende. Carla und Joachim hörten hinter sich noch die dünnen Stimmen der beschenkten Kinder, die nun nicht mehr so verzagt und traurig klangen, sondern wie ein Jubelgesang.

Nach dieser guten Tat verklärte sich alles um Carla und Joachim herum in himmlischem Scheine, was sie auch immer anschauten. Knecht Ruprecht stand dabei und lachte und strich sich seinen Bart vor Vergnügen über die glücklichen Kinder. Der Morgen begann schon zu grauen, und die Uhr schlug sieben vom Kirchturme.

„He, Carla – Joachim!" rief plötzlich eine wohlvertraute Stimme. „Aufstehen! Es ist sieben Uhr. Ihr kommt sonst zu spät zur Schule." Frau Krüger stand an den Betten der Kinder und rüttelte sie sanft wach. Noch ganz verschlafen blinzelten sie die Mutter an. „Oh!" sagte Carla enttäuscht, „alles war nur ein Traum . . . und ich dachte . . ." Auch Joachim rieb sich verwundert die Augen, als er die Mutter vor sich stehen sah. „So eine Gemeinheit!" rief er nicht weniger enttäuscht. „Warum schimpfst du denn so, Jochen?" fragte die Mutter vorwurfsvoll. „Ich habe vom Knecht Ruprecht geträumt, er hat Carla und mich durch die Stadt geführt." Carla rief erstaunt: „Ich hab' das auch geträumt, genau dasselbe! Und nun ist alles Schöne fort . . . die vornehme Lampe für Mutti . . . meine Puppe mit dem rosa Kleidchen, die großen Tüten mit so viel Obst . . . alles fort." Joachim rief: „Und meine elektrische Eisenbahn war auch nur ein Traum!"

Frau Krüger lächelte. „Na wartet doch nur erst ab! Vielleicht gehen eure Träume doch noch in Erfüllung."

Weihnachtsglocken

Eduard Pietzker

Hörst du die Glocken von Marien?
Sie läuten uns das Christfest ein.
Es schweigt der Menschheit Leid und Mühen,
Der Menschheit Schmerz, der Menschheit Pein.
Der Kampf verstummt, es ruh'n die Sorgen
In uns'rer so bedrängten Zeit,
Hell steigt herauf der Weihnachtsmorgen,
Das Liebesfest der Christenheit.

Von tausend Kinderzungen klingen
Die Weihnachtslieder froh im Chor,
Aus tausend Kinderherzen schwingen
Gebete sich zu Gott empor.
Bald blitzen auf die Weihnachtskerzen
Im Haus, in Hütte, im Palast,
Und wo am Lager sonst die Schmerzen,
Zieht heut' die Liebe ein als Gast.

Und wo ein Menschenkind in Nöten
Verlassen auf der Gasse weilt,
Da laßt es zu dem Christbaum treten,
Mit ihm die Weihnachtsfreuden teilt.
Und wo sich Kinderhändchen strecken
Verlangend nach der Kerze Schein,
Da helft ein Weihnachtstischchen decken,
Ein Tischchen, wenn auch noch so klein.

So läute du von Sankt Marien
Das Weihnachtsfest andächtig ein
Und zieh' mit deinen Melodien
Auch in das engste Kämmerlein.
Laß klingen deine Weihnachtslieder,
Sie wiegen uns in süßen Traum;
Sucht Euren Kinderglauben wieder
Und tretet dann zum Weihnachtsbaum!

Es weihnachtet in der Stadt

Hugo Grossmann

Nur noch eine kurze Zeitspanne, und das Fest der Freude, das Fest der Liebe, ist gekommen. Zu Hause waren die Weihnachtsvorbereitungen in vollem Gange; Pfefferkuchen, Pfeffernüsse, Mürbchen und Marzipan wurden gebacken. Aber auch in den Straßen der Stadt weihnachtete es, denn die Geschäfte hatten ihre Schaufenster festlich geschmückt, und besonders an den vier Adventssonntagen hatte man den Eindruck, ganz Danzig sei auf den Beinen. Wohl alle Kinder freuten sich daher auf den Tag, an dem es hieß, die Eltern gehen mit ihnen in die Stadt, die Schaufenster beschauen.

Was gab es da nicht alles zu bestaunen! Schon wenn man von der Grünen Brücke die Lange Brücke hinunterschaute, gab es ein ungewohnt schönes Bild, besonders nach dem frühen Einbruch der Dunkelheit, wenn die Schaufenster hell erstrahlten. Überall lockte ein Angebot von Waren für das bevorstehende Fest. Bei Fast konnte man Delikatessen einkaufen und in der Matzkauschen Gasse gab es den guten Nachtigal-Kaffee. Beim Sporthaus Raabe drückten sich die Kinder zum erstenmal am Fenster die Nasen platt. Gab es doch dort schönes Spielzeug, Rodelschlitten, Schlittschuhe („Schleifchen" genannt) und vieles andere. Durch ein „Kinder kommt weiter!" mußten sie aus ihren Träumen geweckt werden.

Weiter ging es, vorbei an Ed. Löwens und Axt, zunächst bis zu Walter & Fleck, dem Bekleidungshaus. Überall war etwas los und überall war etwas zu sehen, was der Weihnachtsmann bringen könnte. Bei Katz & Co, an der Ecke Portechaisengasse, waren in einem Jahr sogar zwei lebendige Schäfchen im Schaufenster zu sehen. Doch weiter durch die Langgasse zu den Warenhäusern. Wieder großer Tumult, großes Drängen, Staunen und Wünschen. Als man dann bei Sternfeld vorbei war, da war so ziemlich alles angesehen. Doch halt, noch einmal die Straße überqueren und einen Blick auf das Geschäft von Rudolf Mischke werfen. Dort haben die größeren Kinder die Handwerkskästen gefesselt, und sie meinten, daß der Weihnachtsmann auch dort einmal einkaufen sollte.

Dann holt der Vater sich an der Ecke Wollwebergasse von Krüger & Oberbeck drei Zigarren für 20 Pfennig. Langsam wandert die Familie dann dem Langen Markt zu. Doch nicht, um nach Hause zu gehen, sondern durch die Große Krämergasse führt der Weg, und der Vater zeigt den Kindern die alten Beischläge in der Jopen- und Brotbänkengasse, die gerade an diesem Tage tief verschneit einen wundervollen Anblick bieten.

Durch die Wollwebergasse geht es nochmals zur Langgasse und rechts zum Langgasser Tor. Im Tordurchgang trifft man auf kleine Krippensänger. Sie halten ihre Krippen – teilweise sehr schön, teilweise auch sehr primitiv ausgestattet – in den halberfrorenen Händen, singen ihre Weihnachtslieder und bekommen von den Passanten eine Kupfer- oder Nickelmünze zugesteckt. An der anderen Torecke verkauft jemand Pflaumenmänner und ein anderer Hampelmänner. Beim Warenhaus Freymann am Kohlenmarkt ist wieder großes Hallo. Hier bewegt sich in einem Schaufenster ein übergroßer Weihnachtsmann und zeigt, was er dem artigen Kinde alles bringen möchte. Am Zeughaus werden Weihnachtsbäume verkauft. Hier, wie auch am Heumarkt, ist es ein ganzer Wald von Bäumen, denn sie liegen nicht zusammengedrückt auf der Erde. Schön aufgestellt stehen sie, groß und klein, und warten darauf, geholt zu werden.

Doch dann ist es Zeit, den Heimweg anzutreten. Erst jetzt merken die Kinder, daß sie kalte Füße haben. Im Sturmschritt geht es nach Hause, wo die Puschen hinter dem warmen Ofen stehen und man sich bei einem Schmorapfel aus der Röhre auch die Hände erwärmen kann.

Sie denken jetzt schon an den Heiligen Abend, wenn dann die Türe aufgeht und unter dem strahlenden Christbaume die Geschenke liegen werden, die der Weihnachtsmann ihnen gebracht hat. Sie wissen natürlich, daß bis dahin keiner von ihnen irgendeinen Streich vollführen darf, und die Mutter wünscht sich das ganze Jahr über solche artigen Kinder wie in der Weihnachtszeit.

Pflaumenmann

Gnadenreiche Zeit

Joseph von Eichendorff

Markt und Straßen stehn verlassen,
Still erleuchtet jedes Haus,
Sinnend geh' ich durch die Gassen,
Alles sieht so festlich aus.

An den Fenstern haben Frauen
Buntes Spielzeug fromm geschmückt,
Tausend Kindlein stehn und schauen,
Sind so wunderstill beglückt.

Und ich wandre aus den Mauern
Bis hinaus ins freie Feld,
Hehres Glänzen, heil'ges Schauern!
Wie so weit und still die Welt!

Sterne noch die Kreise schlingen,
Aus des Schnees Einsamkeit
Steigt's wie wunderbares Singen –
O du gnadenreiche Zeit!

* Der schlesische Freiherr von Eichendorff (1788–1857), einer der be-
deutendsten deutschen Dichter der biedermeierlichen Romantik, lebte in Danzig von 1819 bis 1824 und von 1843 bis 1847.
Dieses Weihnachtsgedicht schrieb er während seines ersten Aufent-
haltes in der Stadt.

Die Werkstatt des Weihnachtsmannes

Gerhard Bialke

In dem Dorf am Meer rieselte sacht der Schnee, die Lindenbäume in der Straße trugen sehr hohe Schneekronen. In der Stube strömte der dicke, braune Kachelofen wohlige Wärme aus. Bratäpfel schmorten in der Röhre, und ihr Duft durchzog das ganze Zimmer. Hinausgucken konnte man nicht, denn an den Fenstern saßen glitzernde Eisblumen. Gerd hauchte ein Loch in die befrorene Scheibe. Draußen hatte inzwischen das Schneetreiben aufgehört. Daher zog er sich die dicke Jacke an, setzte die grüne Pudelmütze auf den „Deetz" und streifte sich die warmen „Faust'chen" über die Hände. Alles hatte ihm seine Mutter an langen Winterabenden gestrickt, den Rücken am Ofen und die Füße auf der Fußbank.

Dabei hatte sie dem Jungen auch von der Werkstatt des Weihnachtsmannes im Brösener Wäldchen erzählt. Ganz unten „inne Schlucht", auf dem Weg „nache Molen", wo die alte Kasematte stand, da – hatte sie gesagt – sollte der Weihnachtsmann mit den Zwergen wohnen, die ihm dabei helfen, all die schönen Sachen zu machen, die die Kinder zu Weihnachten bekommen würden. Da wollten nun Gerd und sein guter Freund Hans schnell einmal gucken gehen, ob der Weihnachtsmann mit seinem Zwergenvölkchen auch wirklich am Arbeiten war.

Hans wartete schon am Torweg mit seinem Schlitten, Gerd nahm den seinen, und ab ging's. Sie fuhren die Nordstraße herunter, denn sie wollten längs der See bleiben, weil man dann so schön die Eisberge hinunterrodeln konnte. Wie schön das Meer aussah, wie rein die Luft war, an jenem kalten Wintertag! Die Knabenherzen jauchzten vor Lust. Weiter zogen sie mit ihren Schlitten auf der schneeverwehten Strandpromenade, vorbei an umgekippten Fischerbooten, die im Eispanzer glänzten, dem Walde zu. Die Bäume hingen alle dick voll Schnee, und die Wege waren kaum begangen. Nur einige Spuren von Tieren sah man, sonst war es still und geheimnisvoll, wie in einem Märchenwald. Langsam wurde es dämmerig, nur noch ein paar goldene Strahlen warf die scheidende Sonne durch die Bäume. Die Schritte der Freunde wurden langsamer. „Hänschen, hast du Angst?" fragte Gerd. „Ich Angst? Ich hab' nich' mal Angst vor 'ne Pogg!" gab Hans zur Antwort. Sie lachten leise.

Und dann waren sie schließlich auf dem Molenweg, und unter ihnen lag tief verschneit der große Bunker, die Werkstatt des Weihnachtsmannes. In den vergitterten Fenstern irrlichterten noch ein paar Sonnenstrahlen, und ihre kindliche Phantasie zauberte ihnen die schönsten Bilder vor. An langen Tischen saßen – sie glaubten es ganz genau zu sehen – der Weihnachtsmann und die Zwerge, sie bastelten all das, was sich die beiden zu Weihnachten gewünscht hatten. Dann knackte plötzlich ein Zweig unter der Last des Schnees! Die beiden Brösener Bengels, sonst zu jedem Streich bereit, faßten sich blitzartig an den Händen und rannten so schnell, wie sie mit ihren Schlitten in dem hohen Schnee konnten, den Weg zurück. In einer Verschnaufpause nahmen sie sich gegenseitig das Versprechen ab, niemandem von ihrem Erlebnis zu erzählen.

Weihnachtsmärchen

Hansulrich Röhl

Zu den schönsten Erinnerungen an die Kinderweihnacht in der alten Hansestadt gehören, wie der strahlende Lichterbaum und der gute alte Weihnachtsmann, die Weihnachtsmärchen im Stadttheater am Kohlenmarkt, das man später zwar Staatstheater am Theaterplatz genannt hat, ohne damit jedoch die – wegen seines Aussehens – weit volkstümlichere Bezeichnung „Kaffeemühle" aus der Welt zu schaffen.

Um Mitte Dezember herum gab es alljährlich im Stadttheater die große Premiere für Danzigs Kinder: Der Vorhang ging auf vor dem lange herbeigesehnten Weihnachtsmärchen, das von nun ab Nachmittag für Nachmittag, oft weit bis in den Februar hinein, die kleinen (und großen!) Theaterbesucher begeisterte.

Weihnachtsmärchen im Stadttheater: Irgendeines der schönen Grimm'schen Märchen feierte dort in dramatischer Gestalt seine endlosen und lauten Triumphe. Eine Fülle ausgeklügelter Phantasiezutaten (von allzu kritischen Pädagogen mit warnend erhobenem Zeigefinger als „unkindlich" abgelehnt!) ergänzte den Handlungsablauf, denn es durfte ja im Weihnachtsmärchen auf gar keinen Fall das traditionelle Ballett fehlen, in dem kleine und große Künstlerinnen in buntem Wirbel über die Bühne tanzten und sich – je nach Inhalt und Regieeinfall – als Zwerge und Elfen, Blumen und Käfer, Hasen und Störche, Hexen oder Teufel munter nach den Klängen der Musik drehten. Und es erschien in alljährlich wechselnder Gestalt der stürmisch umjubelte Liebling der Danziger Kinder, der große Spaßmacher Shakespeare'scher Prägung und Freudenbringer, Gustav Nord, der den romantischen Zauber der Märchenwelt nur allzugern mit einigen nüchternen Alltagsspäßen und kleinen aktuellen Scherzen verbrämte.

Wenn die Vorstellung dann viel zu früh zum Schluß kam und nach Märchenart am Ende alles, aber auch alles gut

Staatstheater

war, dann rauschte im Hintergrund der letzte Vorhang auseinander und man sah den Tannenbaum, den Weihnachtsmann und die Engel und es klang ein Weihnachtslied auf, das von allen mitgesungen wurde, ganz gleich, ob ihr Platz auf der Bühne, im Parkett oder auf der „Bullerloge" (dem Stehplatz) war. Wer die Kinder sah, die an solchen Nachmittagen das Theater verließen, dem wurde warm ums Herz vor so viel leuchtenden Augen.

Tröstung

Franz Erdmann

Rühr an das stille Saitenspiel
In deiner Brust, o rühr es an,
Wenn deine Seele, lebenskrank,
In düst're Schwermut fiel.

Aus deiner Jugend Märchenland
Steigt auf ein Bild und wird Gestalt,
Und sieh, ein blondgelocktes Kind
Nimmt stumm dich bei der Hand.

Es führt dich in dein Vaterhaus;
O kleine Welt voll Traum und Glück.
Und Weihnacht naht, die Stille Nacht,
Fern von der Welt Gebraus.

Des Christbaums glitzernd goldner Tand
Beginnt zu tönen, wundersam.
O welch ein zauberhafter Klang
Aus holder Kindheit Land.

Da wird dir, ach, so leicht zu Sinn,
So weh zugleich, du weißt nicht wie,
Und ach, mit heißer Träne schmilzt
Die tiefe Schwermut hin.

Norberts Überraschung

Es war Adventszeit. Schon lange bedeckte ein weicher, weißer Schneeteppich die alten Häuser der Stadt. Recht putzig lugten die Beischläge in den engen Gassen unter ihren Schneekappen hervor. Wie viele Kinder in der Stadt, so baute auch Norbert an seiner Krippe für das Krippensingen.

In einem der großen Kaufhäuser hatte er für zwei „Dittchen" einige Stammbilder gekauft. Sie stellten die Heilige Familie dar. Auch einige Schäfchen, einen Esel, einen Ochsen und einen Stern mit Schweif hatte er. Diese klebte er auf Sperrholz und sägte mit seiner Laubsäge alles fein säuberlich aus. Er wollte diesmal eine besonders schöne Krippe haben und hoffte, daß seine fleißige Arbeit später auch entsprechend belohnt werden würde.

Norbert war der Älteste von vier Kindern und mit seinen neun Jahren schon sehr umsichtig und hilfsbereit der Mutter gegenüber. Der Vater war lange arbeitslos. Auch jetzt hatte er nur Gelegenheitsarbeit, so daß die Mutter es schwer hatte, mit dem wenigen ihr zur Verfügung stehenden Geld auszukommen. Mit dem Krippensingen wollte Norbert einen schon lange geschmiedeten Plan verwirklichen.

Dann war es soweit. In der Schule sang man bereits die vertrauten Adventslieder. Die ganze Stimmung war schon auf das große Fest, auf den Heiligen Abend gerichtet.

Am Nachmittag vor dem dritten Adventssonntag nahm Norbert seine Krippe und zog mit seinem Schwesterchen Hildchen zur Zeughauspassage. Im Durchgang dieses historischen Bauwerks stellten sie sich in eine Ecke. Hildchen ordnete noch einmal im Scheine der Kerzen die Figuren in der Krippe, und dann begannen sie zu singen. Recht verloren wirkten die zarten Kinderstimmen in dem mächtigen Durchgang. Aber bald erhielt Hildchen in die eigens dafür bereitgehaltene Schachtel die ersten Pfennige. Auch einige Fünfer mit der Flunder und auch einige „Dittchen" mit dem Pomuchel waren darunter. Hildchen dankte stets mit einem Knicks und Norbert mit einem artigen Diener.

Es war schon dunkel, als die beiden sich auf den Heimweg machten. Mutter hatte schon Sorgen und war froh, als die beiden mit rotgefrorenen Händen die schmale Holztreppe hinaufzockelten. Am Tage vor Heiligabend zogen Norbert und Hildchen wieder mit ihrem Kripplein los. Sie sangen jetzt zunächst in Häusern, gingen treppauf und treppab, bis sie wieder am Zeughaus waren. Hier standen jetzt auch schon andere Krippensänger. Norberts und Hildchens Stimmen hoben sich aber von den anderen so wundervoll ab, daß viele der vorbeieilenden Passanten innehielten. Sie betrachteten einen Augenblick die sorgfältig aufgebaute Krippe, lauschten dem Gesang und legten den Kindern ein Geldstück in die Schachtel. Als die beiden an diesem Abend nach Hause gingen, da zählten sie zuvor noch im Scheine einer der alten Gaslaternen, was sie heute „ersungen" hatten, und waren über den Betrag glücklich und froh.

Am Nachmittag vor dem Heiligen Abend ging Norbert allein mit seiner Krippe los. Er stellte sich auf dem Kohlenmarkt direkt neben einen Stand, wo Tannenbäume verkauft wurden, und sang hier seine Weihnachtslieder. Als der Menschenstrom langsam versiegte und nur noch vereinzelt jemand über den großen Platz ging, begab sich auch Norbert auf den Heimweg. Da schenkte der Tannenbaumhändler, der ein gutes Herz hatte, dem Knaben noch einen kleinen Weihnachtsbaum. Norbert jubilierte!

Auf dem Heimweg zwängte er sich noch schnell durch die Türe eines der Warenhäuser, das gerade schließen wollte, und kaufte für jeden daheim eine Kleinigkeit. Nur sich selbst vergaß er, doch er war ja glücklich und froh, zu Hause Freude schenken zu können. Sein Vorhaben war somit der Vollendung nahe. Die Augen des Knaben leuchteten noch heller als der herrliche, winterliche Sternenhimmel am Firmament über ihm. An der Ecke zog bereits eine der kleinen Kapellen vorüber, die nach althergebrachter Sitte Weihnachtschoräle bliesen.

Als Norbert nach Hause kam, wurde er freudig begrüßt. Die kleinen Päckchen unter seinen Armen konnte er nicht mehr verbergen. Für den Weihnachtsbaum baute der Vater schnell eine Fußbank zum Ständer um. Mutter fand in der Kammer noch etwas Lametta und einige Schmuckkugeln aus früheren Jahren. Heute war auch die Stube geheizt und nun, da der Weihnachtsbaum darinnen stand, sah alles gleich so festlich aus. Just in diesem Augenblick zog auch eine Musikkapelle durch die Gasse und spielte „O du fröhliche..."

Dem Neunjährigen war die Überraschung voll gelungen. Mutter erhielt Kaffee, Vater Tabak, die Geschwister Katharinchen und Schokolade. Die Mutter wollte ihren „Großen" schon in die Arme schließen, als er abwehrte und nochmals in seine geflickte Jackentasche griff, eine schwere Schachtel herausholte und sie der Mutter schenkte. Die Schachtel enthielt ganze 10 Gulden und 20 Pfennige. Das war damals viel Geld! Man konnte dafür einige Zentner Kohlen kaufen, und dafür hatte Norbert es auch vorgesehen. Daß die Mutter den Jungen nun unter Tränen herzte und drückte, war verständlich. Dann umstanden alle den kleinen Weihnachtsbaum und sangen aus innigem Herzen das „Freue dich, o Christenheit..." und der Kleinste lallte auf seine Art mit.

In der Nacht aber träumte Norbert vom Christkind. Es kam, begleitet von einer großen Engelschar, zu Norberts Bett. Es strich ihm über seine strohblonden Haare und flüsterte leise: „Du bist ein edler Krippensänger. Deine Mutter und ich sind sehr glücklich über deine Tat. Als Belohnung nimm diesen ‚Bunten Teller'." Dann verschwand das Christkind wieder und Norbert schlief ruhig, fest und zufrieden. In diesem Augenblick aber stand an seinem Bett seine Mutter. Glücklich und stolz über ihren Knaben glitt ihre Hand leicht über seinen Schopf und neben das Bett stellte sie für ihn einen „Bunten Teller".

Die alte Bettlerin

Seit die frühe Dämmerung des Adventsabends angebrochen
war, brannten nicht nur vor dem Artushof die Kerzen an
den hohen Tannenbäumen, sondern in allen Kaufhäusern, in
allen Schaufenstern gleißte und glitzerte es von Lampen und
Lichtern, Lametta und blanken Glaskugeln zwischen Weih-
nachtsgrün und vielen farbenfrohen Dingen.

Mitten in dem Hasten, aber abseits von allem Leuchten,
lehnte in einer schattendunklen Ecke am Zeughaus in der
Wollwebergasse bettelnd eine alte Frau, von der Last der
Arbeitsjahre gekrümmt und von Krankheit so geplagt, daß
niemand mehr ihre armselige Kraft nutzen mochte. Sie
hatte nichts zu verkaufen und konnte nur, ängstlich nach
einem Schutzmann ausspähend, ihre bittende Hand unter
dem verblichenen Wolltuch hervorstrecken. Aber keiner
achtete dieses Elends im Winkel.

Plötzlich kam ein Mädchen mit einer großen, schönen
Krippe, das in der Nähe gestanden hatte, und stellte sich
unmittelbar neben die alte Frau. Es schlug den Deckel von
dem Krippenkasten mit seinem wunderfein hergerichteten
Stall von Bethlehem zurück, zündete zwei Lichtlein darin
an und begann mit seiner überaus lieblichen Stimme zu
singen. Viele Menschen blieben stehen, betrachteten die
herrliche Krippe, hörten andächtig dem Gesang des Kindes zu und beschenkten es. Keiner aber bedachte die alte
Bettlerin.

Lange standen sie so beieinander, und immer weiter ging
es in den Abend hinein. Die Geschäfte schlossen ihre Pfor-
ten, und immer weniger Menschen kamen an ihnen vorbei.
Andere Sänger, die Krippe längst achtlos über die Schulter
geworfen oder unter den Arm geschoben, waren vorüber-
gelaufen, manche Süßigkeiten schleckend, ihre Einnahmen
überzählend, und das ungleiche Paar im Winkel belä-
chelnd. Schließlich begann es zu schneien, gerade als das
Ratsglockenspiel „Vom Himmel hoch . . .“ über Gassen
und Giebel erklingen ließ und danach die siebente Abendstunde schlug.

Da schloß auch das Mädchen seine Krippe und sagte: „Oma, ich hab' gesehen, keiner schenkt dir etwas. Ich will dir etwas abgeben!" Da schüttelte die arme Frau mit dem Kopf und weinte leise vor sich hin. Als das Kind ihr dann eine Hand voll Groschen reichte, nahm sie nichts an, sondern sagte: „Du hast so wunderschön gesungen; das soll meine Weihnacht sein." Dabei strich sie der Kleinen über das flockenfeuchte Haar. „Dann will ich dir noch mein allerschönstes Lied singen", sagte das Mädchen, „ganz allein für dich!" Noch einmal zündete sie ihre Lichtlein in der Krippe an und sang mit so inniger Stimme wie nie zuvor: „Süßer die Glocken nie klingen . . ." Als sie geendet hatte, dankte ihr die Alte: „Das vergesse ich nie. Zahl's dir Gott!" Da sprang plötzlich die Kleine auf sie zu, leerte mit flinken Fingern all ihre Taschen, warf all die vielen Münzen, die sie für ihren Gesang von den Passanten bekommen hatte, in den Beutel der Bettlerin, machte einen tiefen Knicks wie vor einer Märchenkönigin und lief, so schnell sie konnte, durch das alte Zeughaus davon.

Die Bekehrung

Hans Bernhard Meyer

Längst hatte der Heilige Abend seinen Sternenhimmel über Danzig ausgebreitet. Die Glockenspiele trugen ihre Weihnachtsweisen über Giebel und Dächer, die Bläserkorps durch die verschneiten Gassen. Abseits der aus allen Schaufenstern über letzte, hastig einkaufende Menschen herabflutenden Lichterfülle aber standen und froren immer noch kleine Krippensinger.

Um die alten schwarzen Kirchen herum, hinter deren hohen bunten Fenstern die Orgeln dröhnten, und in den krummen Gassen, wo schon die ersten Tannenbäume erstrahlten, war um diese Stunde ihr Gesang umsonst. Darum lobten sie die Nacht von Bethlehem lieber zwischen der Langgasse und dem Holzmarkt und von der Wollwebergasse bis zum Altstädtischen Graben hinunter. Denn nur da, wo immer noch Leute unterwegs waren, konnte dann und wann ein Dittchen, wie die Zehn-Pfennig-Stücke hießen, für sie abfallen. Das hing von der Stimmung der Vorübereilenden, aber auch vom Gesang und von der Beschaffenheit der Krippe der vielen Jungen und Mädchen ab.

Da stand einer, Utz geheißen, unter dem Gewölbe der Georgshalle am Langgasser Tor. Er trug schwer an seinem Kasten, den er an breitem Riemen um den Hals gehängt hatte. In dieser Krippe erhellte ein halbes Dutzend Kerzen die Darstellung der Heiligen Nacht. Alle Figürchen, vom Jesuskind in Mariens Arm bis zu den anbetenden Hirten, selbst Ochs und Esel dahinter, waren holzgeschnitzt und altersbraun. Utz war keine hübsche Stimme zu eigen, und ohne sonderliche Betonung ließ er „Ihr Kinderlein kommet" und „Vom Himmel hoch, da komm' ich her" über die Lippen. Aber viele Passanten umstanden und bestaunten die herrliche Krippe – und gaben.

„Was tust du mit dem Geld?" forschte ein päckchenbeladener Herr.

„Das geb' ich meiner Mutter."

„Und wo ist dein Vater?"

„Tot. Bei der Bahn ist er verunglückt."

„Wieviel Geschwister hast du?"

„Fünf."

„Ist das auch wahr?" fragte der Herr und griff nach der Börse.

„Der da kennt uns ja", sagte Utz und wies auf einen Jungen, der neben ihm stand.

„Nun?" forschte der Herr. Aber der andere zuckte nur die Achseln und grinste.

„Scheint also nicht zu stimmen", bedauerte der Herr, zog seine Hand aus der Tasche zurück und ging.

Da schob ein dritter, Alex mit Namen, den Jungen, der eben geschwiegen hatte, aus dem Gedränge: „Erwin, du kennst doch den Utz und die Familie ganz genau. Er hat doch sicherlich die Wahrheit gesagt?!"

„Mmh", war die Antwort.

„Warum hast du dann das Maul gehalten?" fragte Alex.

„Weil er nicht noch mehr verdienen soll."

„Du bist aber gemein!"

„Ich hab' all die Wochen nicht so viel zusammengekriegt, wie der Utz an einem Abend. Bloß weil er vom Großvater die tolle Krippe geerbt hat. Aus Italien soll sie sein", schmollte Erwin.

„Wenn schon, aber Utz gibt sich auch Mühe mit dem Singen."

„Ach der! Ich sing' so gut wie andere auch, und meine Krippe ist so arm wie ich."

„Du singst nicht, du schreist, wie unser Organist auch immer sagt. Und deine Krippe ist eine verbeulte Seifenschachtel mit zwei Kerzenstummeln vor einem Schokoladenpackungsbildchen. Nur aus Mitleid schenkt dir einer einmal etwas. Wüßten die Leute, daß du dir dafür Glimmstengel kaufst, würden sie dir das Fell versohlen!"

„Was sollte ich denn sonst damit anfangen?"

„Andern eine Freude machen, hat der Organist gesagt", erklärte Alex.

„Vielleicht es dem Vater für Fusel geben? Oder Mutter für Lockenwickler? – Wo hast du eigentlich deine Dittchen gelassen, he?"

„Ich hab' meinen Eltern etwas Schönes gekauft."

„Verrückt!" meinte Erwin verächtlich.

Die beiden ungleichen Gesellen mit ihren ebenso ungleichen Krippen zogen davon, Alex, weil er die Gaben für seine Eltern schon bei sich trug und für sich nichts mehr brauchte, Erwin, weil er kaum hoffen durfte, in letzter Stunde noch etwas einzuheimsen. Plötzlich aber blieb er stehen, stampfte mit dem Fuß auf und schrie: „Du, jetzt will ich gerade noch was beschrapen, viel Geld sogar. Und wenn sie mir nichts geben, nehm' ich's den anderen einfach weg, dem Utz zuerst. Wirst ja sehen!"

„Das tust du nicht, du falscher Fuchs, und wenn ich dich vertrimmen müßte vor dem Fest", sagte Alex. „Und jetzt wird gesungen! Komm, ich helf' dir schon!"

Erwin musterte den Stärkeren von der Seite und gab dann nach: „Na schön, aber wenn nichts daraus wird, bleibt es dabei: Zu meinen Dittchen komm' ich schon, so oder anders!"

„Anders kriegst du Keile zur Bescherung; und jetzt rasch zum Langenmarkt!"

„Weshalb denn dahin gerade?"

„Komm, sonst knallt's!" sagte Alex und führte dann den Burschen mitten vor die Stufen des Artushofs, von dessen Beischlag zwei riesige Tannenbäume ihre Kerzenstrahlen verschenkten. Dort riß er Erwin die schäbige Schachtel vom Hals und feuerte sie in den aufgewehten Schnee am Gitter des Neptunbrunnens, hing ihm die eigene Krippe um den Hals, zündete die Lichtlein darin an und befahl: „Los, jetzt wird gesungen. Ich nehme die zweite Stimme. Aber schrei nicht wieder, Erwin!"

„Und wenn ich nicht will?"

„Dann läßt du's bleiben und giftest dich weiter darüber, daß du kein Geld hast."

So stimmten die beiden das Lied an von der stillen, der heiligen Nacht, danach die Weise vom Tannenbaum und schließlich von der fröhlichen seligen Weihnachts-zeit...

Erwin, der, weil er wieder schrie, anfangs etliche Rippenstöße bezogen hatte, ließ sich allmählich leiser an, wodurch Alex mit der zweiten Stimme besser durchdrang. So ergab es sich fast von selbst, daß Vorübergehende, vor allem Frauen, den Jungen, die gar nicht ahnten, wie ärmlich und verfroren sie unter den strahlenden Tannen im glitzernden Schnee standen, manches Dittchen und dazu Äpfel und sogar Thorner Katharinchen zukommen ließen.

Nachdem das Rathausglockenspiel „Alle Jahre wieder..." und darauf sechs Stundenschläge hatte hören lassen, erklärte Alex: „Genug. Ich muß nun nach Hause zur Bescherung. Gib mir meine Krippe wieder!"

„Aber wir teilen doch?" drängte Erwin.

„Gib mir nur den einen großen roten Apfel, alles andere gehört dir."

„Und das Geld?"

„Das auch."

„Alles?"

„Ja, da hast du's!"

„Du Alex, warum... warum tust du das?" fragte Erwin.

„Weil Weihnacht ist. Und damit du nicht womöglich dem armen Utz noch etwas wegnimmst."

„Mach' ich ja gar nicht, ganz gewiß nicht", versprach Erwin.

„Dann laß uns gehen", entschied Alex.

Gemeinsam schlenderten die beiden Jungen die Langgasse zurück, bogen in die Große Wollwebergasse ein und sahen, daß schon die ersten Schaufenster zu erlöschen begannen. Es gingen auch längst nicht mehr so viele mit Paketen und Päckchen beladene Leute dahin. Als sie am Zeughaus vorüberkamen, war da ein helles Singen zu hören und drängten sich viele neugierige Menschen um ein Mädchen. Aber nicht etwa ihre besonders zahlreichen oder bunten Krippenfiguren zogen sie an, vielmehr die Stimme dieser Zehnjährigen und ihr Antlitz.

Als die beiden Jungen näher herantraten, vernahmen sie

gerade die Strophe: „Doch nun ist Freud' und Seligkeit, ist jede Nacht voll Kerzen; auch dir mein Kind ist das bereit't . . ." Glockenklar schwang es sich aus der Brust des Kindes auf, und Hingabe an Wort und Melodie verklärte das Gesicht der Kleinen.

„Die Barbe aus der Tagnetergasse", sagte Alex. „Sie wohnt im Hause meines Onkels und hat niemand mehr als ihre alte Großmutter – und die ist krank."

„Was die Barbe aber verdient hat!" flüsterte Erwin und starrte die vielen Münzen auf der Krippe an.

Alex erwiderte nichts als „Pfui", und als das Mädchen geendet hatte, ging er hin und reichte ihr seinen großen roten Apfel.

Plötzlich stand auch Erwin neben ihr, kramte mit flatternden Fingern alle seine verdienten Dittchen aus der Tasche, legte sie dem Kind auf die Krippe und war im nächsten Augenblick verschwunden.

Danziger Krippensinger

49

Krippensinger

Gertrude Nicolai

Sammetweich und leise
rieselt vom Himmel der Schnee.
Kinder mit ihren Kripplein
an den Straßenecken ich seh!

Frosteszitterndes Stimmchen:
„Ihr Kindelein kommet doch all";
das Kinderköpfchen umhüllet
ein alter wollener Schal.

Frostesstarres Händchen
hält das Kripplein am Rand,
das die Kinder tragen
um den Hals an einem Band.

Armselig flackert ein Lichtlein
in dem hölzernen Stall,
wo die Weisen dem Kindlein
machen den ersten Kniefall.

In den Häusern und auf Straßen
singen sie seit Wochen schon,
so mancher spendet den Groschen
den Kleinen als klingenden Lohn.

Doch heut hat alles Eile,
der Heilige Abend sinkt schon,
von den Türmen rufen die Glocken
mit feierlich ernstem Ton.

Von St. Katharinen schallt es:
„Stille Nacht, heilige Nacht . . .",
Da haben die Kleinen
ihre Lichtlein ausgemacht!

Das Weihnachtsbaum-Zeremoniell

Günter Pogatzki

Das Kaufen und Schmücken des Weihnachtsbaumes daheim glich immer einer feierlichen Zeremonie. Drei Tage vor dem Heiligen Abend zog der Vater mit seinen Söhnen zum Dominikswall los, um an einem der dortigen Verkaufsstände einen der Größe und Höhe des Wohnzimmers entsprechenden Tannenbaum zu erstehen. Meist mußte man durch tiefen Schnee waten, um an den Stand heranzukommen. Die Verkäufer schaufelten zwar immer den Weg zu ihren Tannenbäumen frei, aber das unentwegte Fallen der dicken Flocken zauberte sehr schnell wieder eine fußtiefe Schneedecke.

Als nach gründlicher Überprüfung des Baumbestandes dann endlich der in Höhe und Breite passende Baum ausgesucht und gefunden war, trug man ihn nach Hause. Dort wurde er erst einmal auf dem Balkon zum allmählichen Abtauen deponiert. Das Aussuchen und Kaufen des Weihnachtsbaumes ließ sich der Vater nicht nehmen, es hätte ihm doch kein anderer als er selbst den ihm zusagenden Baum besorgen können.

Auch das Ausschmücken des Baumes war Vaters Privileg. Am Abend vor dem 24. Dezember wurde die Fichte vom Balkon ins Zimmer geholt, vom Schnee befreit und unter Assistenz der Familienmitglieder in den Christbaumfuß gestellt. Die Mutter stand derweilen vor dem aufgerichteten Baum und mußte mit ihrem absolut sicheren Augenmaß feststellen, ob er auch genau senkrecht stand oder ob von den drei im Fuße befindlichen Richtschrauben eine noch angezogen werden mußte. Befand sie die Baumstellung für gut und richtig, dann erhob sich der Vater aus seiner gebeugten Haltung und überprüfte seinerseits noch einmal den in seinem Ständer aufrecht stehenden Baum, um ihm vielleicht doch noch die letzte Korrektur angedeihen zu lassen. Wie herrlich war der noch ungeschmückte Baum in seinem natürlichen Grün schon anzusehen, und wie köstlich duftete das ganze Zimmer nun nach Wald, Harz und Tannengrün.

Auf den Tisch waren inzwischen von der Mutter die drei großen Kartons mit den silbernen und goldenen Weihnachtskugeln, den silbernen Glasvögeln mit ihren seidenen Schwänzen, den vergoldeten Nüssen, den Kerzenhaltern, dem Engelhaar und dem Lametta gestellt und die Kerzen aus ihren Umhüllungen herausgenommen worden. In den meisten Familien gab es nur weiße Stearinkerzen, denn der Luxus mit den wohlriechenden Bienenwachskerzen war noch nicht so weit verbreitet und bunte Kerzen waren vielfach verpönt. Die Söhne durften die Kerzen in die Halter stecken und sie dem Vater zureichen, der sie in gleichmäßigen Abständen über den Baum verteilte.

Dann stieg der Vater auf die hölzerne Trittleiter und ließ sich mit größter Vorsicht von der Mutter die silbern glänzende, mit weißem Glasschnee überglitzerte Spitze zureichen und setzte sie sehr behutsam auf die mit Schnitzmesser vorbereitete Baumspitze. Nach diesem feierlichen Zeremoniell wurde meist erst einmal eine Pause eingelegt. Der Vater zündete sich eine Zigarre an, während die Mutter den Kindern aus der großen buntbemalten Blechdose die ersten selbstgebackenen Pfeffernüsse als Vorgeschmack auf kommende Freuden spendierte.

Danach ließ sich der Vater genau nach seiner Anweisung die Kugeln, Silbervögel und vergoldeten Nüsse reichen und befestigte sie mit den Drähtchen in den Zweigen, – immer wieder vom Baum zurücktretend, hier und dort noch eine Korrektur vornehmend, bis die letzte Kugel und das letzte Vögelchen ihren richtigen Platz gefunden hatten. Dann wurde der ganze Baum mit dem silberweißen Engelhaar umsponnen und mit Lamettafäden behängt. Das Aufstellen und Schmücken des Weihnachtsbaumes, der nun in seiner stattlichen Höhe von etwa zweieinhalb Metern in der ihm zubestimmten Wohnzimmerecke bis zum Fest der Heiligen Drei Könige stand, währte immer einige Stunden und glich einem echten Zeremoniell. Man sah es dem Vater an, welch innerlich frohe Stimmung ihm die Freude des

Herausputzens des Weihnachtsbaumes für sich und seine Lieben bereitete.

Schon lange vor dem Aufstellen des Weihnachtsbaumes herrschte in der Familie geheimnisvolles Tun und Treiben, dessen Verursacherin naturgemäß in erster Linie die Mutter war. Wenn sie am späten Nachmittag in der Dunkelheit von ihren Einkäufen aus der Stadt zurückkehrte, mußten die Kinder sich zu den Hausmädchen in die Küche zurückziehen, währenddessen die Mutter die gekauften Schätze im Vertiko und Kleiderschrank verstaute, die Schlüssel abzog und verwahrte und dann mit gespielter Nichtwissermiene ihre Hausarbeit wieder aufnahm.

Zu den Vorbereitungen der letzten Tage vor dem Fest gehörte dann aber für die größeren Kinder eine nicht sehr beliebte Pflichtübung: Sie mußten mit weihnachtlichen Stammbildern versehene Bogen, die es zu dieser Zeit in allen Schreibwarengeschäften zu kaufen gab, in Schönschrift mit verschiedenen Weihnachtsgedichten beschreiben. Das war meistens eine Plage, passierte es doch oft, daß ein dicker Tintenklecks nach vollendet gewähntem Vollbringen des löblichen Werkes den ganzen Bogen verdarb und das Abschreiben des Gedichtes unter fließenden Tränen auf einem neu zu erstehenden Bogen wiederholt werden mußte.

Solche Gedichtbogen waren zum Überreichen an die Eltern am Heiligen Abend bestimmt, ein weiterer meist auch für die Großeltern, wenn bei ihnen am „3. Feiertag" in ihrer Wohnung noch eine Nachbescherung stattfand. Die Gedichte mußten natürlich auch noch auswendig gelernt und unter dem brennenden Christbaume aufgesagt werden. Das vor Aufregung verständliche Steckenbleiben beim Herunterraspeln des Poems wurde aber von den Eltern verständnisvoll überhört und die Verse von der Mutter, die den Gedichtbogen in den Händen hielt, vorsoufliert. So ging dann auch diese mit Bangen und Ängsten verbundene Szene immer noch gut aus, und die Festesstimmung unter dem mit viel Liebe, aber auch mit Genauigkeit und Akkuratesse geschmückten, allseits bewunderten Weihnachtsbaume wurde durch nichts mehr getrübt.

Weihnachtszeit auf dem Lande

O. Lemke / G. Penner

Meist hatte die Landschaft zwischen Weichsel, Nogat und
Ostsee in der weihnachtlichen Zeit ihr weißes Winterkleid
angelegt. Gräben, Triften und Wälder waren eingeschneit.
Die alleinstehenden Bauernhöfe waren, wenn sehr viel
Schnee gefallen war, zu Fuß kaum zu erreichen. Mühsam
mußte sich jeden Tag der Landbriefträger seinen Weg zu
den Höfen bahnen. Um Besorgungen oder Besuche zu machen, konnten die Bauern ihre Häuser nur mit dem Pferdeschlitten verlassen.

Die Wochen vor dem Fest waren eigentlich die schönste
Zeit, vor allem für die Kinder. In der Schule wurde zunächst Geld für einen Adventskranz gesammelt, der dann
am Montag nach dem ersten Adventssonntag in der Klasse
hing. An jedem Wochenanfang wurde eine kleine Ad-
ventsandacht gehalten. Dann begannen die Vorbereitungen zur Schulweihnachtsfeier. Weihnachtslieder wurden
eingeübt und Gedichte gelernt. In den Familien machten
die Weihnachtsvorbereitungen Fortschritte. Bei der
Bäckerei halfen die Kinder meist eifrig mit, besonders bei
der Herstellung von Marzipan, ohne das Weihnachten einfach undenkbar war. Manch ein Stück der wunderbar
süßen Teigmasse, aus der kleine Herzen, Halbmonde und
andere Figuren geformt wurden, fand heimlich und ver-
stohlen den Weg in einen Kindermund. Die Mütter versuchten, dem entgegenzuwirken, indem sie die Kinder bei
der Marzipanzubereitung Weihnachtslieder singen ließen.

Dann kam der Tag, an dem die Eltern auf Einkaufsfahrt
gingen. Die Kinder hatten schon rechtzeitig ihre Wunschzettel geschrieben und den Eltern zur Weiterleitung an den
Weihnachtsmann ausgehändigt. Wer in der Nähe von Tiegenhof oder anderen Landstädtchen wohnte, konnte hier
schon vieles beschaffen, weil sich auch diese Geschäfte ganz
auf Weihnachten eingestellt hatten. Die größeren Einkaufs-
fahrten aber führten nach Danzig, oder auch in das benach-

barte Marienburg in Westpreußen, die dann gleich mit einem ausgiebigen Stadtbummel verbunden wurden.

Kurz vor dem Fest und dem Beginn der Ferien fand die Weihnachtsfeier in der Schule statt, bei der zum ersten Mal der Lichterbaum erstrahlte. Vielerorts wurden dazu die Eltern eingeladen, denen man ein Programm mit Liedern, Gedichten und Ansprachen bot.

Dann war der 24. Dezember da! Geheimnisvoll wirkten die Eltern in der „großen Stube", die jetzt Weihnachtszimmer war und die vorläufig niemand betreten durfte. Das schönste Fest des Jahres war angebrochen. Der Gottesdienst am Heiligabend begann um 18 Uhr. Auf dem Weg zur Kirche knirschte der Schnee unter den Schuhen. Auf dem Heimweg von der Christvesper kam man an Häusern vorbei, deren Familien schon mit der Bescherung begonnen hatten und hinter deren Fenstern man die brennenden Kerzen an den Tannenbäumen sah.

Nach dem Abendessen war es dann soweit. Die ganze Hausgemeinschaft, einschließlich unverheiratetem Hofpersonal und der Großeltern standen erwartungsvoll bereit, bis die Klingel zum Eintritt in das Weihnachtszimmer ertönte. Da stand der wunderbar geschmückte und strahlende Weihnachtsbaum und rundherum waren die Geschenke und die Bunten Teller liebevoll aufgebaut. Die Feier wurde mit einem Weihnachtslied eröffnet, die Kinder sagten ihre Gedichte auf und dann begann das Staunen und Freuen über die Geschenke. Manchmal gab es zwar kleine Enttäuschungen, aber in den meisten Fällen war jeder zufrieden. Die Hausmädchen bewunderten den Stoff zum neuen Kleid, der Stalljunge den gedrehten Peitschenstock und die neuen Handschuhe. Die Kinder probierten gleich ihre neuen Spielsachen aus und der Jüngste stolzierte in der Uniform der Langfuhrer Schwarzen Husaren herum und schwenkte begeistert die Lanze mit der Totenkopffahne. Dabei schmetterte er auf der neuen Trompete einen angeblichen Reitermarsch in die Weihnachtsatmosphäre. Die Uniform bestand übrigens aus einer Pappbrust und einer Pelzmützenattrappe.

Der Weihnachtsstern

Hans Bahrs

Es steht ein Stern am Himmel,
Das ist der Weihnachtsstern.
Der leuchtet uns vor allen
Und steht doch Stern an Stern.

Wenn in den langen Nächten
Das Jahr sich still verjüngt,
Dann schenkt sein Leuchten Hoffnung,
Die tief ins Herz uns dringt.

Dann bitten wir, daß immer
Sein Schein lebendig sei
Und wundersam erklinge
Der Weihnacht Melodei.

Kinderweihnacht

Werner H. Gapert

Wenn von den Türmen der alten, ehrwürdigen Kirchen die
Adventsglocken erklangen, dann zog in die Herzen der
Kinder die Erwartung ein und ein seliges Ahnen erfüllte
sie. Die Tage verliefen wie bisher, in wechselndem Spiele
von Schule und Freizeit – und doch schien es, als sei das
alles unwesentlich geworden und eines nur von Bedeutung, und zwar das kommende Weihnachtsfest, auf das
sich die kindlichen Sinne konzentrierten.

In der Dämmerstunde pflegte die Großmutter die Kinder zu sich zu nehmen. Sie saßen dann zu ihren Füßen am
warmen Kachelofen und lauschten entrückt den alten
Märchen und Sagen der Heimat, während draußen vor den
Fenstern in weißen Flocken der Schnee herniederfiel und
die Bratäpfel in der Ofenröhre leise pufften und zischten.
Die Eltern schienen in der Vorweihnachtszeit irgendein
Geheimnis mit sich herumzutragen, das sie ängstlich zu
hüten bestrebt waren. Oft kam die Mutter mit Paketen beladen nach Hause. Sie wich den drängenden, neugierigen
Fragen der Kinder geschickt aus und verschloß die Pakete
sorgfältig in der Kommode, wobei sie nie vergaß, den
Schlüssel jedesmal abzuziehen. Die Zimmer rochen intensiv nach leckeren Dingen, denn seit Tagen wurden Pfefferkuchen und Mürbeplätzchen gebacken.

Auch die Kinder hatten ihr kleines Geheimnis. Sie hatten ihre tönernen Sparschweinchen zerschlagen und die
vielen Dittchen zusammengezählt, die sich im Laufe des
Jahres zusammengefunden hatten. Groß war die Freude,
wenn diese Dittchen zu Gulden geworden waren, und eifrig wurde dann beraten, wie die paar Gulden wohl anzule-
gen seien. Schließlich wurde für die Mutter ein großes
Marzipanherz gekauft, für den Vater Zigarren und für die
Großmutter ein Paar Hausschuhe beschafft. Diese Geschenke wurden dann fein säuberlich in die Spielzeugkiste
eingeschlossen.

So kam allmählich der Heilige Abend heran und die Ungeduld und Neugierde der Kinder waren kaum zu bändigen. Sie wurden am Spätnachmittag meist einer alten Nachbarin übergeben, die mit ihnen dann ihre liebe Not hatte und sich vor ihren drängenden Fragen kaum noch zu retten wußte. Endlich aber war es soweit. Als sie von den Eltern gerufen wurden, stiegen sie langsam die Treppe hinauf, und als sie dann die Weihnachtsstube betraten, blieben sie zunächst etwas scheu im Türrahmen stehen. Vom festlich geschmückten Weihnachtsbaum strahlten die Kerzen und spiegelten sich in ihren Augen.

Der Gabentisch lockte und zog die Blicke der Kinder mit unwiderstehlicher Gewalt auf sich. Da standen Schiffe, eine Eisenbahn, ein Indianerkopfputz, ein Kegelspiel, ein Hühnerhof und einige Bücher, die sie sich schon lange gewünscht hatten. Dazu die Bunten Teller, die kaum die vielen Leckereien fassen konnten: Katharinchen und Steinpflaster, Schokolade und Marzipan, Äpfel und Nüsse wechselten in heiterem Durcheinander. Langsam löste sich der Bann, und die Kinder traten näher an die Herrlichkeiten heran. Aber zuerst mußten sie ihre Weihnachtsgedichte aufsagen, bevor sie darangehen konnten, die neuen Spielsachen auszuprobieren, die Bücher aufzuschlagen und von allen guten Dingen zu naschen. Als dann das erste Weihnachtslied angestimmt wurde, sangen sie andächtig mit.

O du fröhliche ...

Wolfgang Federau

Manchmal, am Abend, wenn er sehr einsam und allein war – aber war er eigentlich nicht immer allein, dieser Johann Daniel Falk, den es vor Jahren nun schon hierher, nach Weimar, verschlagen hatte, in die Nähe der großen, angebeteten Sonne, die Goethe hieß?! – manchmal also, an solchen stillen und ein bißchen traurigen Abenden, dann dachte er an seine Kindheit. Dann vergaß er, daß er einmal geglaubt und gehofft hatte, ein Dichter zu werden, und daß er statt dessen nur ein Zeitungsschreiber, ein Feld-, Wald- und Wiesenschriftsteller geworden war, der sich nie auf dem Parnass einen Platz erwerben würde.

Nun, damit hatte er sich abgefunden. Hatte sich damit getröstet, daß er aus seinen geringen Gaben das Beste gemacht und mit seinem bescheidenen Pfunde so gut gewuchert hatte, wie es nur eben anging. Das also war verschmerzt. Nicht verschmerzt war, nach all diesen Jahren, immer noch das Heimweh, das ihn zuweilen in der Stille überfiel. Heimweh nach seiner Vaterstadt, nach der grauen, alten, türmereichen, giebelreichen Stadt hoch im Norden, an der Weichselmündung. Nach den Gassen und Gäßchen Danzigs, nach der Lastadie, in der er fünf Jahre nach Beendigung des Siebenjährigen Krieges geboren worden war, die er mit seinen Kinderspielen durchtobt hatte. Nach dem Vater, dem Perückenmacher, den er doch geliebt hatte, wenn er auch von früh auf das väterliche Handwerk verabscheut und ehrlich gehaßt und mißachtet hatte. Weil er doch ein armes, dummes Kind gewesen war damals, ohne Wissen um das wirkliche Leben und mit der unbändigen Sehnsucht im Herzen, einmal etwas ganz Großes zu werden. Lange genug hatte er dem Vater in den Ohren gelegen, bis er endlich weich geworden war. Bis der ehrsame Handwerksmeister ihn auf die hohe Schule geschickt hatte, auf die Petrischule zunächst und dann auf das alte, angesehene Gymnasium. Sogar studieren hatte er dürfen, hatte in Halle das karge Brot der Freitische und der Stipendien seiner Vaterstadt gegessen. Aber er war weder ein Gottesgelehrter und Gottesstreiter geworden, noch ein Dichter von Rang. Nein, auch kein Dichter von Rang. Wenn er daran dachte und an seine Bemühungen auf diesem Gebiet und deren bescheidene Früchte, dann huschte in solchen Stunden der Einsamkeit, Selbstbesinnung und Selbsterkenntnis ein bitteres Lächeln über seine Lippen.

Was ihn seinerzeit nach Weimar getrieben hatte, das hatte sich als eine Seifenblase erwiesen. Nichts hatte der Geheime Rat Goethe getan, um ihn, Johann Daniel Falk, zu fördern. Kein Wort der Anerkennung hatte er je für Falks dichterische Bemühungen gefunden. Ja, Falk hatte oft genug zu spüren bekommen, daß Goethe ihn ablehnte, ihn nicht recht mochte. Und sogar auf seine Landsmännin, die hübsche Witwe Johanna Schopenhauer – die doch bei Gott mit ihrem ungebärdigen Sohn Arthur des Kummers genug hatte! – hatte sich die Abneigung Goethes gegen Falk übertragen. Vielleicht hatte er zu oft, wenn er Johanna Schopenhauer zum Tee besuchte, Kritisches über den ihr fast gleichaltrigen Falk gesagt – die kluge und diplomatische Frau hatte es aufgenommen, hatte es sich zu eigen gemacht und als persönliche Meinung weiterverbreitet.

Solche trüben Gedanken kamen Falk zuweilen, in nächtlicher Stunde. Aber am Morgen, wenn das Licht der frühen Sonne heiter durch die Fensterscheiben brach, dann waren sie rasch genug verweht. Dann dachte der Alternde daran, daß man um eines schöneren Gestern willen nie und nimmer das Heut und dessen Aufgaben vergessen dürfe. Dann dachte er daran, daß er sich ja eine Aufgabe, eine große und schöne Aufgabe gestellt hatte. Daß es nicht auf Gefühle ankam, sondern auf die Tat. Und hatte er nicht eine solche Tat geleistet? Hatte er nicht etwas geschaffen, dem auch ein Goethe seine Anerkennung nicht versagen konnte? Obwohl es – oder vielleicht gerade weil es – sehr fern all dem lag, was mit Poesie, mit Kunst, mit Dichtung zu tun hatte?

Auch jene Zeit war vorüber. Nicht vorüber aber war das Leid, das sie über die aus den Fugen geratene Welt gebracht hatte. Das Leid der Flüchtlinge, das Leid all der Kinder, die die tödlichen Auswirkungen dieser Kriege des Vaters, oft genug auch der Mutter beraubt hatte. Für sie, die Vaterlosen, die Elternlosen, hatte Falk sein Werk geschaffen, seinen „Lutherhof", dieses Haus, in dem die Enterbten, die hilflosen und entwurzelten Kinder Aufnahme fanden und im Geiste eines wahrhaften Christentums, im Geiste der Liebe erzogen wurden.

An diese „seine" Kinder mußte Johann Daniel Falk denken an einem nebelverhangenen Dezembermorgen, am Morgen des letzten Advents. Und plötzlich überfiel es ihn, er müsse etwas tun für das bevorstehende Weihnachtsfest, er müsse ein Lied für seine Kinder schreiben, das ihre Herzen fröhlich mache und voller Hoffnung.

Gesagt, getan. Und siehe da: Ihm, der so oft mühsam um das richtige Wort, um den richtigen Reim ringen mußte, flossen nun die Zeilen wie von selbst zu. Die Verse, die alles enthielten, was er seinen Pflegebefohlenen schenken wollte: Freude und Fröhlichkeit des Herzens, Gottvertrauen, Liebe, Hoffnung. Zwei-, dreimal überlas er die Verse. Setzte sich dann an sein etwas dünn klingendes, schmalbrüstiges Spinett, suchte zum Wort das Lied, die Melodie. Eine einfache, jubelnde, herzbezwingende Melodie.

Am Heiligen Abend gab es eine Weihnachtsfeier im „Lutherhof". Viele um die öffentliche Wohlfahrt Weimars bemühte, angesehene Persönlichkeiten waren geladen. Auch die Schopenhauerin, Falks Landsmännin. Und sie hatte sich dieser Einladung nicht entziehen können. Auf dem Podium, inmitten seiner Kinderschar – durch sie selbst so jung geworden, daß man ihm seine mehr als fünfzig Jahre nicht ansah – stand Falk. Warf noch einen Blick auf die vornehmen Gäste, einen zweiten, mahnenden dann auf die Kinder, hob die Hand mit dem Taktstock, und zum ersten Male scholl hell, jubelnd durch die Weite des Saales das Lied:

O du fröhliche, o du selige ...

Eine zweite Strophe. Eine dritte dann. Hell schmetterten die Kinderstimmen, die zarten, ihren Jubel in die Welt hinaus: Himmlische Chöre jauchzen dir Ehre! . . .

Der Taktstock sank nieder. Die Stimmen schwiegen. Ergriffenheit malte sich in den Gesichtern der Zuhörer. Auch die Augen von Falk waren naß geworden. Er war sehr bewegt, und er wußte doch nicht, daß er auf den Schwingen dieses kleinen Liedes nun hinübergleiten würde in die Unsterblichkeit!

O du fröhliche, o du selige
gnadenbringende Weihnachtszeit!
Welt ging verloren,
Christ ward geboren.
Freue, freue dich, o Christenheit!

O du fröhliche, o du selige
gnadenbringende Weihnachtszeit!
Christ ist erschienen,
uns zu versühnen:
Freue, freue dich, o Christenheit!

O du fröhliche, o du selige
gnadenbringende Weihnachtszeit!
Himmlische Heere
jauchzen dir Ehre:
Freue, freue dich, o Christenheit!

Johann Daniel Falk, der Schöpfer dieses meistbekannten Weihnachtsliedes, wurde am 28. Oktober 1768 in Danzig geboren. Er starb am 14. Februar 1826 in Weimar.

Der Bunte Teller

Ulrich B. Marker

Der Bunte Teller gehörte im Danziger Land zu Weihnachten, wie die Kerzen am Tannenbaum. Seine Bezeichnung ist durchaus wörtlich zu verstehen: Es handelt sich um einen Teller, und zwar um einen möglichst großen, und was an verschiedenartigsten weihnachtlichen Näschereien darauf liegt, macht ihn bunt, gibt ihm geradezu ein fröhliches Aussehen.

In alten Danziger Weihnachtserzählungen wird der Bunte Teller bereits um die Jahrhundertwende erwähnt und später, selbst in den harten Kriegsjahren, gab es wohl kaum eine Danziger Familie, in der groß und klein nicht an Heiligabend auch seinen Bunten Teller auf den Gabentisch vorfand. Er verdrängte immer mehr den alten Brauch, den Weihnachtsbaum nicht nur mit Schmuck und Lametta zu behängen, sondern auch mit allerlei Süßigkeiten, die dann von den Kindern nach den Feiertagen allmählich „geplündert" werden durften. Diese Sitte wurde in vielen Familien nicht nur deshalb abgelehnt, weil der stattliche Weihnachtsbaum dadurch mehr und mehr von seiner Pracht einbüßte, sondern vor allem, weil man das Verspeisen der inzwischen mehr oder weniger angestaubten Süßigkeiten als unhygienisch empfand.

Wie so vieles, hatte sich auch das Aussehen des Bunten Tellers im Laufe der Jahrzehnte etwas gewandelt, und außerdem war er je nach der Sitte der einzelnen Häuser und Familien ohnehin unterschiedlich. Aber es gab bestimmte Sachen, die traditionsgemäß auf keinem der „richtigen" Bunten Teller fehlen durften. Dazu gehörten natürlich Walnüsse und Haselnüsse, außerdem verschiedene Arten von Pfefferkuchen, wie Katharinchen, Steinpflaster und Pfeffernüsse, Datteln und Feigen, Makronen und weihnachtliche Schokoladengebilde in Staniol dazu. Gewissermaßen die Krönung des Bunten Tellers aber war das Marzipan, Herzen und Sterne aus Randmarzipan, Marzipankartoffeln und das sogenannte, besonders köstliche Marzipankonfekt.

Vieles davon war in früheren Zeiten in den Wochen vor dem Fest in den häuslichen Küchen selbst hergestellt worden. Es wurde dann in großen Blechdosen aufbewahrt, aus denen die Bunten Teller der Familienmitglieder je nach Bedarf immer wieder, immer wieder aufgefüllt wurden, mindestens zweimal: Zu Sylvester, und dann noch einmal zum Dreikönigstag.

Rotbackige Weihnachtsäpfel und Apfelsinen, die ursprünglich zum festen Bestandteil eines Bunten Tellers gehört hatten, wurden später nur noch selten dazugelegt, da sie zwangsläufig den Raum für die anderen Näschereien erheblich einengten. Äpfel und Apfelsinen standen stattdessen während der Weihnachtszeit meist in einer Schale in greifbarer Nähe für jeden zur freien Entnahme.

Allerdings hatten die Bunten Teller auch eine „Schattenseite", die nicht verschwiegen werden darf: Sie waren die Ursache für viele verdorbene Kindermägen zwischen Weihnachten und Neujahr, die von den Müttern auskuriert werden mußten und somit auch deren Festesstimmung trübten.

Pfefferkuchen und Marzipan

Ernst Lucks

Wie herrlich duftete es früher um die Weihnachtszeit in der ganzen Wohnung, als Pfefferkuchen noch selbst gebacken wurden. Die Rezepte waren oft uralt, von der Urgroßmutter bis zur Enkelin vererbt, auf Pergament in deutscher Schrift geschrieben, vergilbte Blätter.

Oft wurden für einige Pfefferkuchenarten auch noch alte, ebenfalls vererbte Backformen verwendet, sogenannte Modeln, die aus daumendickem Obstbaumholz geschnitzt waren. Die Darstellungen auf diesen Modeln waren sowohl ornamentaler wie pflanzlicher und figürlicher Art. Häufig waren auch Tierdarstellungen vertreten, Pferd, Esel, Schaf, Hahn, Eule und Storch, sowie Hirsch, Fuchs und auch das Eichhörnchen. Viele Backformen zeigten den Menschen als Wickelkind, Kind, oder als Erwachsenen. Sehr beliebt waren auch religiöse Darstellungen wie die Heiligen Drei Könige und Madonnen.

Der Pfefferkuchenteig wurde schon Wochen vorher bereitet und blieb dann eine bestimmte Zeit stehen, damit die Gewürze, der Honig und das Mehl einander gut durchdrangen.

Um dann den Pfefferkuchen die schöne dunkle Farbe zu geben, wurde er auch mit Sirup verarbeitet und erhielt eine bestimmte Zugabe an Kakaopulver. Es gab eine Vielzahl von Arten: Katharinchen, Steinpflaster, Pfeffernüsse und den Honigkuchen, der auf flachen Blechen gebacken wurde. Er wurde in rechteckige Stücke geschnitten, mit Mandeln belegt oder mit Zuckerguß bestrichen.

In vielen Haushalten, besonders auf dem Lande, wurde noch bis in die Kriegsjahre hinein auch Marzipan selbst gebacken, oder richtiger: gebrannt. Das war eine langwierige, aber auch schöne vorweihnachtliche Arbeit, an der sich in der Regel die ganze Familie zu beteiligen pflegte. Hauptzutaten dafür waren Mandeln, Rosenwasser und Puderzucker.

Zunächst wurden die Mandeln zu feinstem Mehl zermahlen und dann je ein Pfund Mandelmehl mit einem Pfund Puderzucker vermischt. Durch Zugabe von Rosenwasser entstand ein Teig, der nicht zu feucht sein durfte, um sich dann gut formen zu lassen. Aus dem ausgewalzten Teig wurden dann Marzipanböden ausgestochen: Herzen, Sterne und Halbmonde. Auf diese Böden mußten dann, zuvor mit Rosenwasser bestrichen, schnell und geschickt Randstücke aufgesetzt werden (weshalb diese Art „Randmarzipan" genannt wurde). Dann wurde mit einer in Rosenwasser getauchten Stricknadel der Randstreifen in schräger Richtung fest auf das Bodenstück gedrückt und dabei gleichzeitig eine tiefe Schraffierung darauf angebracht. Das Rohmarzipan blieb dann einen Tag stehen und wurde danach unter einer glühenden Eisenplatte – gewissermaßen mit Oberhitze – abgebräunt. Inzwischen war der weiße Einguß fertig gemacht worden, aus Puderzucker und Zitronensaft. Er wurde teelöffelweise vorsichtig in die geformten Marzipanstücke gegossen, so daß deren brauner Rand in schönstem Kontrast zum Weiß des Zuckergusses stand. Zum Abschluß wurde der Zuckerguß noch mit kleinen roten, grünen und gelben Stücken kandierter Früchte belegt.

Bei der Herstellung von Pfefferkuchen und Marzipan mußte vor allem bedacht werden, daß die Mengen groß genug waren, um bis ins neue Jahr hinein zu reichen.

Thorner Katharinchen

Über Entstehung und Herkunft der beliebtesten Pfefferkuchenart der Alt-Danziger Weihnacht, den Thorner Katharinchen, berichtet eine alte Chronik:

Im Zisterzienserkloster zu Thorn in Westpreußen lebte einst die fromme Nonne Katharina, die ihre Lebensaufgabe in der Betreuung der Armen und Kranken sah. Eines Tages, es war der 25. November 1312, buk sie für ihre Schützlinge nach selbsterdachtem Rezept aus Mehl, Zucker und Honig und morgenländischen Gewürzen leckere braune Küchlein von länglicher Form. Diese verteilte sie fortan zu jedem Namenstage ihrer Schutzpatronin freigebig unter das Volk. Die Beschenkten, hocherfreut über diese schmackhafte Gabe, nannten die Pfefferküchlein bald allgemein zu Ehren sowohl der Heiligen als auch der Spenderin „Katharinchen".

Schon einige Jahre später wurden in ganz Thorn „Katharinchen" gebacken, mit denen man sich dann am Christtag beschenkte. Aus dieser Hausbäckerei war anno 1500 bereits eine wohlangesehene Thorner Pfefferküchlerzunft entstanden, die sogar im Rat der Stadt Sitz und Stimme hatte. Nicht nur in Thorn, sondern bald auch in Danzig, Posen, Elbing und Königsberg waren die „Katharinchen" ein sehr begehrter Handelsartikel, die auf Kaufmessen sogar in Polen und in Rußland angeboten wurden, die aber „ihres Wohlgeschmackes wegen auch nicht auf fürstlichen Tafeln fehlten", vermerkt die alte Chronik.

Die „ganz echten" Thorner Katharinchen kamen bis zum Ende des Zweiten Weltkrieges noch immer von der Firma Gustav Weese in Thorn, aber auch in Danzig gab es zur Weihnachtszeit kaum eine Groß- oder Kleinbäckerei, die nicht Katharinchen herstellte, die auf keinem Weihnachtstische fehlen durften.

Zur Eigenherstellung am häuslichen Herd ist folgendes Rezept für eine Menge von etwa 50 Stück Katharinchen überliefert:

625 Gramm Mehl, 200 Gramm Honig, 175 Gramm

Zucker, 50 Gramm Butter, 12 Gramm Lebkuchengewürz, 5 Gramm Hirschhornsalz, 5 Gramm Pottasche, 1 Ei, 1 Zitronenschale und $^1|_{16}$ Liter Wasser.

Honig, Butter und die Hälfte des Zuckers zusammen erwärmen und dann abkühlen lassen. Die andere Zuckerhälfte mit dem Ei, Gewürz und der geriebenen Zitronenschale schaumig rühren.

Dann die beiden Massen zusammenrühren, Mehl und die dazugemischten Triebmittel unter Zugabe von Wasser unterkneten.

Den fertigen Teig etwa 4 mm dick ausrollen, in Rechtecke mit großem Wellenrand schneiden, im Maß von ungefähr 5 x 10 cm, und dann jedes Stück mit Ei bestreichen. Bei 220° Hitze auf einem gefetteten Blech ungefähr 15 Minuten backen.

(Katharinchen bekommen weder Zuckerguß noch einen Schokoladenüberzug.)

Heimatstadt

Lothar Wegner

Durch meine Heimatstadt bin ich gegangen,
Wenn sie in Schnee und Eis gebettet lag,
Wenn Kerzenschimmer im Dezemberdunkel
Aus vielen Fenstern brach mit Goldgefunkel,
Umtönt von feierlichem Glockenschlag.

Vom hohen Turme dröhnten die Posaunen
Das alte Lied von der Geburt des Herrn,
Und hinter weißer Flocken stillem Gleiten
Erschien mir über ungeheure Weiten
Das Bild der Hirten unter ihrem Stern.

Dann sangen silbern die zwei Glockenspiele
Die Lieder dieser wundersamen Nacht.
Verzaubert lauschten Danzigs alte Mauern
Der frohen Botschaft, die ein jedes Trauern
In jedes Menschen Herzen fröhlich macht.

Die Giebel lauschten unter weißen Mützen
Den wohlvertrauten, schönen Melodien.
Fast schien es mir, als ob die Engel geigten
Und sich die hohen Häuser stumm verneigten –
Und Sankt Marien stand im Hermelin.

Der Altstadt dunkle Bäume und Altane
Begrüßten mich, von reinstem Weiß umhüllt.
Das Schnörkelwerk der Treppen und Geländer
Trug wattig-weiche, breite Silberbänder,
Und jeder Winkel war ein Spitzweg-Bild.

Und weiter schritt ich durch die stillen Gassen,
Den schönsten weißen Teppich unterm Fuß.
Dem Strahlen aller hellen Weihnachtskerzen,
Den hellen Augen und dem hellen Herzen
Entbot ich froh und hell den Weihnachtsgruß!

Spielzeug auf dem Gabentisch

Hans Bernhard Meyer

Wie wohl überall in europäischen Landen, freuten sich auch in Danzig von altersher die Kinder zu Weihnachten am meisten darauf, was wohl unter dem Tannenbaum an Spielsachen zu finden sein werde. Vieles von dem Spielzeug, das in früheren Zeiten auf den Gabentischen lag, hat sich bis heute unverändert erhalten, manches davon ist nur aufwendiger und technischer geworden. Aber einige Spielsachen, die noch zu Anfang unseres Jahrhunderts beliebt waren, sind ganz verschwunden und in Vergessenheit geraten.

Für Mädchen war und ist die Puppe und alles was zu ihr gehört, das schönste Weihnachtsgeschenk. Zwar sind die Puppen und deren Kleider immer feiner geworden und haben die von früher mit ihren einfachen Holz- oder Zelluloid-Köpfen abgelöst, und an Stelle der gehobelten Holzwägelchen, die man an der Deichsel hinter sich herzog, traten Miniaturkinderwagen, aber die Liebe der Kinder zu diesen Dingen blieb stets gleich – ebenso wie zu den Puppenstuben und Puppenküchen.

Kleine Mädchen fanden unter dem Weihnachtsbaum oft auch kleine Besen, Schaufeln und Eimerchen oder Einholkörbchen, die oft aus Stroh geflochten waren und vielfach von der Danziger Höhe stammten. Wer Veranlagung zur Handarbeit hatte, fand mit mütterlicher Unterstützung auf dem Gabentisch Stickmustertafeln, Nähzeugkästchen oder vielleicht sogar eine kleine Nähmaschine. Besinnlichere Mädchen bekamen schon die einst so beliebten „Poesiealben".

Für Knaben gab es Kaufmannslädchen mit vielen kleinen Schubladen und Nachbildungen „echter" Warenpackungen. An technischem Spielzeug waren noch vor einigen Jahrzehnten der große, bunte, aufziehbare Brummkreisel, die hölzerne, später dann blecherne Eisenbahn sowie die „richtige", mit Spiritusfeuerchen zu heizende Dampfmaschine, womöglich mit dazugehörigem Hammer- und Sägewerk, sehr beliebt. Viel später kam erst das Auto dazu, das Pferdchen und Wägelchen ablöste, oder der aufziehbare, unter der Zimmerdecke aufgehängte Zeppelin, der seine Kreise über dem Spieltisch zog.

Irgendwann kamen alle Jungen seit Jahrhunderten dann in ihre „kriegerische Periode", ohne daß man damals Kinderspiele mit abwegigen Gedanken an „Militarismus" verband. Mit Krach fing es an, nämlich mit Trommel und Trompete, mit denen stundenlang gelärmt werden konnte. Dann kamen Ritterrüstungen mit Papierhelm und Holzschwert an die Reihe, schließlich „richtige" Helme und Säbel und, wenigstens als Brustdekoration, eine Uniform. Außerdem fand man Bleisoldaten, Burgen, Kanönchen, die auch knallten, aber auch Indianerausrüstungen mit Tomahawk und Büchse auf dem Gabentisch. Für begabte Knaben gab es Handwerkskästen mit den wichtigsten Werkzeugen in verkleinerter Form, die ein weites Feld praktischer Betätigung eröffneten.

Beliebte Weihnachtsgeschenke für Kinder beiderlei Geschlechts waren seit langem Schlittschuhe und Schlitten, früher aus Eisen, später aus Holz, mit oder ohne Lehne. Auf fast jeden Gabentisch gehörten auch Bücher aller Art. Malbücher samt Buntstiften oder Tuschkasten, Bilderbücher und illustrierte Märchenbücher für die kleineren Kinder, Jugendkalender, Sagenbücher, Reisebeschreibungen, Abenteuer- und Indianerbücher für die größeren.

Mehr und mehr verschwanden auch unter den Danziger Tannenbäumen die einst so beliebten hölzernen Spielsachen, Tiere, Figuren, Windmühlen, Wägelchen, und mit ihnen auch der einst weitverbreitete Hampelmann. Seltenheit ist auch das früher heiß begehrte Schaukelpferd mit echtem Fellüberzug und Glasaugen geworden, erst recht das viel schlichtere, bemalte Holzpferdchen auf Rädern, das kleine Steppkes zum Reiten benutzten, bis die Achsen brachen.

Völlig in Vergessenheit geraten ist das Steckenpferd, das man in den ersten Jahrzehnten unseres Jahrhunderts in jedem Spielzeugladen kaufen konnte. Es bestand aus einer längeren kräftigen Stange, auf der vorne ein geschnitzter, braunbunt bemalter Pferdekopf saß und die am hinteren Ende auf einem kleinen Rädchen auflag. Diese Stange nahm der kleine Reiter zwischen die Beine, und durch die angeregte Einbildungskraft konnte das Steckenpferd für ihn ebenso zum märchenhaften Araberhengst werden wie zum braven Kavalleriepferd aus der nächsten Kaserne.

Die „Eiserbaan"

Das Jahr ging seinem Ende zu und Weihnachten stand vor
der Tür. So allmählich kamen die Kinder mit ihren Weih-
nachtswünschen heraus; große und kleine hatten sie für
den Weihnachtsmann bereit, an den sie fest glaubten. Groß
aber war die Bestürzung bei Krämers, als ihr Fünfjähriger
sich eine Eisenbahn auf Schienen mit aufzuziehender Lokomotive wünschte! Noch größer wurde ihr Kummer, als
sie den Preis von 100 Danziger Gulden für solch eine Eisenbahn hörten. Das Geld saß damals wahrlich nicht
locker, und 100 Gulden für eine Eisenbahn, nein, das war
ausgeschlossen!

Folglich versuchten Krämers, ihrem kleinen Hans diesen Wunsch auszureden, und erklärten, daß es eine andere
Eisenbahn doch auch täte. Vergeblich. Der Junge stellte
sich auf den Standpunkt, daß der Weihnachtsmann allen
artigen Kindern ihre besonderen Wünsche erfüllte, und
daß er sich keiner Unarten bewußt sei. So blieb eben die
Schieneneisenbahn sein sehnlichster Wunsch an den Weihnachtsmann.

Die Eltern sannen darauf hin und her, wie sie diesem
Wunsche nachkommen könnten, fanden aber keinen Aus-
weg. Das Herz war ihnen zwar schwer, aber es half nichts,
dieser Wunsch konnte nicht erfüllt werden.

Um seinen Kummer loszuwerden, sprach Herr Krämer
in den nächsten Tagen über seine Sorgen um die Spielzeug-
eisenbahn mit einem guten Freund, den er zufällig getrof-
fen hatte. Zu Krämers Überraschung lachte der Freund dazu nur und erklärte: „Nichts leichter als das!" Was nun
Krämer für einen schlechten Witz seines Freundes hielt,
war aber dessen ehrliche Meinung. „Gerade heute", sagte
der Freund, „kam meine Frau vom Boden und meinte, die
Eisenbahn in der Kiste könnte doch nun eigentlich endlich
verschwinden. Der Sohn spiele schon lange nicht mehr damit und sie brauche auf dem Boden Platz für andere Dinge." Die anschließende Frage, sagte der Freund, wem wir
die Eisenbahn wohl geben würden, habe sich ja nun erle-

digt und er brauche nun gar nicht mehr nach einem Ab-
nehmer zu suchen.

„Und was soll sie kosten?" fragte der mehr als glückliche
Krämer.

„Nun, sehr viel", erwiderte der Freund. „Umsonst ist
nichts, auch diese Eisenbahn nicht. Ich fordere dafür das
Versprechen, daß Hans niemals erfährt, von wem die Eisenbahn stammt. Er muß bei dem Glauben bleiben, sie sei
vom Weihnachtsmann."

Schon am nächsten Tag holten Krämers die große Kiste
mit der Eisenbahn und vielem Zubehör mit dem Schlitten
ab. Die Lokomotive mußte zwar repariert werden, aber
das kostete nur 3 Gulden, und dann lief wie wieder tadel-
los. Inzwischen aber hatte Hans mit seiner kleinen Schwester Ulla schon viel über die Eisenbahn gesprochen, die
ihm der Weihnachtsmann doch bestimmt bringen würde.

Der Heilige Abend kam, doch die Eisenbahn war nicht
auf dem Gabentisch. Der Vater hatte sie unter einem anderen, verhangenen Tisch aufgebaut und eine kleine Lampe
daneben gestellt, die zu gegebener Zeit alles beleuchten
sollte. Still und sichtlich etwas enttäuscht stand Hans vor
seinen Geschenken. Neben einem selbstgenähten Matro-
senanzug und anderen Kleinigkeiten prangte da auch eine
kleine Eisenbahn aus Holz.

„Freust du dich nicht, Hans?" fragte der Vater.

„Hm, ja, doch." Aber überzeugend klang diese Antwort
wirklich nicht.

In dem Augenblick drehte der Vater den Jungen langsam
herum, schlug die Decke des anderen Tisches hoch und vor
ihm lag die beleuchtete Eisenbahn, die schon fröhlich ihre
Runden drehte. Erstarrt blickte Hans alles an, keines Wor-
tes mächtig. Da hob plötzlich seine kleine Schwester ihre
Arme hoch und stürzte sich auf das lang ersehnte Spielzeug
mit dem Ruf:

„Oh, Ei-ser-baan!"

Heiligabend

Wolfgang Federau

Ja, wir hängen an dem süßen Schimmer.
Nie läßt uns der alte Zauber los.
Und die Kinder irren durch die Zimmer,
Ihre Augen sind erstaunt und groß.

Heimlichkeit und Flüstern und Geraune.
Zarter Glanz auf jedem Angesicht.
Fragen, Betteln, Lächeln und Gestaune:
„Sag's doch, Mutter!" – „Nein, ich sag es nicht!"

Endlich sinkt aus grauen Wolkenschleiern
Dieser schönste Abend auf das Land.
Und die Seelen sind bereit zu feiern,
Und die Kinder falten sacht die Hand.

Duft der Tannen, Glöckchen, Lichtertropfen,
Arme Welt, nun bist du wieder reich,
Kerzen strahlen, und die Herzen klopfen,
Liebe haucht uns an und macht uns weich.

Krippe unterm Baum mit Hirt und Herde –
Oben schimmert groß ein goldner Stern.
Gottes Sohn neigt liebreich sich zur Erde,
Und der herbe Alltag ist so fern.

Massenaufgebot an Weihnachtsmännern

Frida Hinkel

Mitten hinein in die beschauliche Herrlichkeit der Vorweihnachtszeit platzte eines Tages der achtjährige Claus mit der alarmierenden Nachricht: „Mutti, ich bin der einzige in der ganzen Klasse, der noch an den Weihnachtsmann glaubt! Wenn Vati diesmal wieder nicht dabei ist, wenn der Weihnachtsmann zu uns kommt, und wenn der Weihnachtsmann genau wieder solche Schuhe anhat, wie sie Vati trägt, dann – sagt die ganze Klasse – ist Vati der Weihnachtsmann!"

Die „ganze Klasse" war für die Mutter erfahrungsgemäß ein nicht zu unterschätzender Gegner. Wenn die „ganze Klasse" keine langen Strümpfe mehr trug, wenn die „ganze Klasse" bereits vorzeitig Frühlingsgefühle zeigte und keine Mäntel mehr anzog, waren das Tatsachen, gegen die die Eltern ziemlich machtlos waren. Aber in diesem Falle wollte die Mutter vor der „ganzen Klasse" nicht so schnell kapitulieren, weil Claus ja noch zwei kleinere Geschwister hatte, denen man doch so gerne noch ein bißchen seligen Kinderglauben bewahrt hätte.

Bisher war immer der Weihnachtsmann höchst persönlich am Heiligen Abend per Schlitten, per Auto, per Flugzeug – je nach Wetterlage – erschienen. Auf alle Fälle kam er mit sehr großem Pomp und viel Glöckengeläut, hörte dann die Weihnachtsgedichte der Kinder ab und verteilte Geschenke. Wo nun aber einen Weihnachtsmann herkriegen, der nirgends herum so wie der Vater aussah? Die Mutter überlegte und überlegte und sprach mit diesem und jenem über ihr Problem, und bald interessierte sich die ganze Nachbarschaft für die Sorge einer Familie mit drei kleinen Kindern.

Schließlich wurde der Flurnachbar um tätige Mithilfe gebeten. Die Weihnachtsmann-Rolle war ihm vielleicht nicht gerade auf den Leib geschrieben, da er selbst kleine Kinder hatte, aber die Mutter meinte, daß es mit ihrer Regie schon gehen würde. – Der Heilige Abend kam, der Weihnachtsmann erschien wie verabredet und alles klappte großartig. Nur einige Fragen nach den letzten Schulzeugnissen wurden als etwas deplaziert empfunden, schon allein deshalb, weil dem früheren Weihnachtsmann so etwas niemals eingefallen war. Er hatte stets mehr „väterliche" Güte ausgestrahlt.

Die Mutter beobachtete Claus und hatte das Gefühl, die „ganze Klasse" war bei ihm im Moment etwas in Mißkredit geraten, und wegen seiner beiden kleineren Geschwister war sie froh, daß alles gut gegangen war. Plötzlich aber klingelte es an der Tür! Herein kam – ein Weihnachtsmann, ließ die Kinder ihre Gedichte aufsagen und überreichte jedem ein paar Würstchen! Daran erkannte die Mutter ihn: Es war ihr Fleischermeister, der im gleichen Hause seinen Laden hatte und der der Familie aus der „Weihnachtsmann-Not" helfen wollte.

Bis dahin wäre eventuell noch einiges zu retten gewesen, aber leider kam dann noch der Bäckerjunge, der morgens immer die Brötchen brachte, als nunmehr dritter Weihnachtsmann! Das war selbst für die Kleinsten zuviel, und als Claus dann seine Mutter wegen dieses Massenaufgebotes an Weihnachtsmännern ins Kreuzverhör nahm, konnte sie kaum noch etwas von der weihnachtlichen Romantik retten.

Wie der Weihnachtsmann starb

Heinrich Eichen

Heinz war noch ein Kind, aber doch schon so groß, daß er, vielleicht durch Andeutungen, „wußte", es gäbe gar keinen Weihnachtsmann. Die Geschenke kämen nicht durch ihn vom Himmel herab, sondern würden von den Eltern in den Geschäften der Stadt gekauft. Er „wußte" es also; doch alles in ihm sträubte sich gegen dieses Wissen, wehrte sich gegen diese Erkenntnis, denn der Weihnachtsmann war ihm lieb, er war in seine Welt eingeschlossen, und er mochte ihn nicht missen.

An jedem Weihnachtsfestmorgen ging Heinz mit seinen beiden noch kleineren Brüdern eine nicht weit entfernt wohnende Großtante besuchen, die den Kindern dann regelmäßig Spielsachen und Näschereien zuteilte, die der Weihnachtsmann für sie bei ihr abgegeben hatte. An einem Weihnachtsmorgen, nachdem die Kinder ihre Gedichtchen aufgesagt, sich für die Geschenke bedankt, verabschiedet hatten und die alte Dame eben die Türe hinter ihnen schließen wollte, wandte Heinz sich rasch noch einmal um und flüsterte der Großtante zu: „Es gibt ja gar keinen Weihnachtsmann!" Da lächelte sie verschmitzt und wohlwollend, schaute nach den vorausgehenden kleinen Brüdern, neigte sich zu ihm herab und flüsterte ihm wie eine Mitverschwörerin zu:

„Nein, es gibt keinen Weihnachtsmann!"

Heinz hatte es gewußt – und wollte es doch nicht wissen! Er hatte gehofft, ja brennend gewünscht, daß die Tante, da er ja noch so klein war, ihn entrüstet zurechtweisen und glaubwürdig behaupten würde, daß es natürlich den Weihnachtsmann gäbe. Doch sie tat Heinz den Gefallen nicht! Das Leben war eben rauh und die Wirklichkeit unbarmherzig. Der kleinen Brüder wegen mußte er sich beherrschen und tat sogar ein wenig großspurig und erwachsen ihnen gegenüber. Innerlich jedoch war er todunglücklich darüber, daß an diesem Tage für ihn der Weihnachtsmann endgültig gestorben war. Er hätte sich an der Bürgersteigkante hinsetzen und weinen, weinen mögen.

Es war für Heinz die erste bewußte, große Enttäuschung seines Lebens, und er ist lange nicht darüber hinweggekommen – vielleicht bis heute noch nicht!

Das Krantor

Danzigs Heilige Nacht

Günter Pogatzki

Glockenklänge schwingen über Danzigs Dächer,
Sternenglanz liegt über Stadt und Land.
Friede atmen Zimmer, Stuben und Gemächer,
Und die Kerzen sind am Baum entbrannt.

Feierlich klingt durch die schneebedeckten Gassen
Der Posaunen messingblanker Ton,
Und das Herz weiß kaum das Glück zu fassen
Ob des Wunders der Geburt von Gottes Sohn.

Wie die güldnen Schreine gotischer Altäre
Steh'n der Kirchen Fenster in der Nacht
Hellerleuchtet da. Zu Gottes höchster Ehre
Wird das innigste Gebet ihm dargebracht.

Hoch vom Rathausturme und Katharinen
Jauchzen Glocken ihren Zwiegesang,
Denn dies ist die Nacht, da uns erschienen
Licht vom Licht, das alle Finsternis bezwang.

Vor dem Artushof erstrahlen hell die Kerzen
Zweier schlanker Tannen, und es dringt
Warm ihr Leuchten in die festtagsfrohen Herzen, –
Weihnachtszeit – ganz Danzig strahlt und klingt.

Und es klingt und schwingt auch heut' von seinen
        Türmen
Uns froh die Weihnachtskunde zu:
Wer mit glaubensstarkem Mute trotzt den Stürmen,
Findet einst an Gottes Herzen Ruh'.

Zauber der Schneenächte

Anette Radzimowski

Wer jemals im Flockenwirbel und Winterglanz durch ihre Gassen und Tore schritt, den wird es im Geiste immer wieder zurückziehen zu den märchenhaften Schneenächten der alten Hansestadt am Meer.

Im blau-schwarzen Dunkel ruhten die gebändigten Wellen der Ostsee. Der Winter hatte sie bedächtiger gemacht. Am Seesteg von Zoppot und an der Mole von Neufahrwasser brachen sich die dicken Eisschollen mit Naturgewalt. Die schneidende Kälte kam von Asien her und aus dem hohen Norden über die Danziger Bucht. Es gab Winter, in denen die Kälte schmerzte, und wo man auf der spiegelglatten Eisfläche der See im Schlitten zur Halbinsel Hela hinüberfahren konnte. In einem Winter sogar – es war der von 1421 – konnte man über das Eis bis nach Dänemark gelangen.

In der großen betriebsamen Stadt aber wurde es heimelig in der Zeit der Schneenächte. Die weißen Flocken fielen sacht, wie von zarter Hand gestreut, über die zahllosen Dächer und Giebel. Die zwei- und dreifenstrigen Bürgerhäuser im „Danziger Barock" standen verschneit in unvergleichlicher Schönheit, und was konnten die mit Eiskristallen über und über bedeckten Beischläge – jenes ureigenste Danziger Baumotiv – erzählen von trauter Wohnungspoesie. In der Jopen-, Frauen- und Brotbänkengasse kicherten in den Winkeln die Geister einer großen Vergangenheit.

Die Weichsel, der „Große Strom", trug die Last der Eisschollen, aus den Karpaten kommend, dem Meer entgegen. In der Mottlau, der Radaune und in den Verbindungskanälen, im weit verzweigten Netz der Wasserstraßen der alten Hansestadt, gluckste und grollte es unter der erstarrten Oberfläche. Die unzähligen Lichter am Kai hingen wie zitternde Goldtupfen in der weißen Landschaft, von der Abendluft bewegt. Vom behäbigen Krantor klangen fröh-

liche Stimmen herüber von Menschen, die die Mottlau zu
Fuß überquerten, denn die Krantorfähre war eingefroren.

Nie aber waren die hellen, friedvollen Schneenächte
schöner als in der Christnacht. Dann mußte man seine
Schritte verhalten und lauschen, kinderselige Andacht im
Herzen. Märkte, Gassen und Gäßchen waren erfüllt bis in
die dunkelsten Ecken hinein vom vielstimmigen Glockenklang. St. Katharinen und der so fein gegliederte Rathaus-
turm schwangen ihre Glockenspiele hinaus in den kalten
Winter. Das ganze Jahr über, zu jeder halben Stunde, ertönten hier die jeweils dem Kirchenjahr angepaßten
Choralmelodien. Zur Heiligen Nacht aber hatten sie einen
besonderen, glücklichen Ton, wenn all die lieben, ewig
jungen Weihnachtslieder erklangen, von denen uns einer
der berühmten Söhne Danzigs, Johann Daniel Falk, „O du
fröhliche, o du selige . . .“ geschenkt hat.

In allen Teilen der Stadt blitzten die glänzenden Instrumente der Bläsergruppen auf. Die wandernden Musiker
spielten ihre trauten Weisen in die Herzen der Menschen.
Kerzenbesteckte Tannenbäume überall! Auf dem langen
Markt strahlten die Christbäume für jedermann, und der
Artushof hatte eine erleuchtete Fassade vom Widerschein
des Lichts. Es war eine Atmosphäre der Freude und Liebe
in besonderem Maße. Glitzern auf den Flüssen, weih-
nachtlicher Duft und ein weißes Leuchten. Die dunklen
Silhouetten der Gotteshäuser ragten aus dem Glanz der
Weih-Nacht, alles überbietend Sankt Marien, das grandio-
se Wahrzeichen Danzigs, die Portale weit öffnend für die
Krönung des Festes, die Christmette. In der Ferne rauschte das Meer seine uralte Melodie und in den Dünenwäldern
sang der Wind in den Föhren und zerzauste ihre Äste.

Alt-Danziger Choral

Georg Friedrich Cosak (1707–1773)
Geistlicher in Danzig

Wir feiern heut' ein Freudenfest,
Das unsern Mund nicht schweigen läßt;
Ihr Christen stimmt ein Loblied an
Zum Preise des, was Gott getan.

Er sendet von des Himmels Thron
Zur Erde seinen lieben Sohn;
Verehret die Barmherzigkeit
In demutvoller Dankbarkeit!

Laßt unsre Herzen fröhlich sein;
Es kehrt bei uns der Mittler ein,
Der uns mit Gott versöhnet hat;
Er bringt uns Segen, Heil und Gnad'.

Huldreicher Gott, wir preisen dich
und deinen Sohn herzinniglich;
Gott, Heilger Geist, mach uns bereit
Zu stetem Preis in Ewigkeit!

Das Schnee-Flöckchen

Lothar Wegner

Die uralte, weise Frau Holle blickte nachdenklich auf die Erde, die sich zu ihren Füßen dehnte, endlos, dunkel und unruhig. Sie überlegte ein Weilchen und murmelte dann vor sich hin: „Ich glaube, es wird Zeit, daß ich die Finsternis der Erde wieder einmal mit meinem reinen, unschuldigen Weiß zudecke und so die Menschen wieder zur Besinnung bringe, wenn auch nur für kurze Zeit." – Sie winkte nach hinten, wo die gewaltigen Wolken sich wie Federkissen türmten, und rief:

„Heda, ihr Mädchen, kommt alle her, bringt fleißige Hände mit und krempelt die Ärmel hoch, denn es gibt wieder mal Arbeit für euch, ihr habt in diesem Winter ja noch nichts getan! Darum wollen wir heute unsere Betten rütteln und schütteln, damit auch die letzten Daunen als Schneeflocken zur Erde rieseln und alles Dunkle weiß machen. Ich meine, es tut not, und die Menschen freuen sich darüber."

Da packten die Mädchen mit fleißigen Händen wacker zu und schüttelten die Wolkenbetten, daß die weißen Federn in ganzen Kolonnen zur Erde segelten. Das machte den Mädchen richtigen Spaß, und sie schüttelten immer kräftiger. Die Schneeflocken aber hatten ebensolches Vergnügen, als sie dicht nebeneinander, fast schwerelos durch die Luft glitten, so daß sie schließlich einen fast undurchsichtigen Schleier bildeten, der alles verhüllte. Die Mädchen der Frau Holle aber schüttelten immer weiter, bis auch das letzte Daunenflöckchen heraus war. Frau Holle nickte befriedigt und meinte lächelnd:

„Ihr wart wirklich sehr fleißig – nun dürft ihr euch auch eine Weile ausruhen!"

Inzwischen waren die letzten, ganz gemächlich rieselnden Flöckchen in die Nähe des Erdbodens gelangt, wo die Wintersonne hinter den ganz zusammengeschrumpften Wolkenbetten wieder lächelte. Unter ihnen befand sich ei-

ne Schneeflocke, die so leicht und zierlich gebaut war, daß
sie als allerletzte zurückblieb. Sie hatte die Gestalt eines
streng geometrischen Strahlengebildes von ganz zarter
Struktur, glänzte silbern und schwebte so leicht dahin wie
ein Hauch. Eigentlich war sie noch gar keine richtige
Flocke, sondern nur ein Flöckelchen. Munter und selbst-
bewußt glitt das kleine Gebilde ganz am Ende hinter der
großen Schar seiner Genossinnen und sank dabei in steti-
gem Abwärtsgleiten tiefer und immer tiefer, bis es ganz
weich und schmiegsam auf der Spitze eines Lichtkandelabers inmitten vieler anderer Schneeflocken landete. Da es
als letztes herabschwebte, lag es ganz obenauf und konnte
daher nach allen Seiten sehen. Es bemerkte, daß der
Schneefall plötzlich aufhörte, und nach einer Weile legte
sich die Wintersonne vorsichtig blinzelnd auf die weiße
Schneekappe des Kandelabers.

Das gab für das Flöckchen etwas zu sehen und zu staunen vom Kopf der Straßenlampe hinab! Vor ihm lag die
ganze schöne Langgasse, die Hauptverkehrsstraße Danzigs, mit den vielen weiß gepuderten Giebeln der alten Pa-
trizierhäuser. Selbst die kleinsten Ecken und Nischen ihrer
Zierate waren mit Schnee ausgefüllt. Eines der Wahrzeichen der alten Hansestadt, der wundervoll schlanke und
graziöse Rathausturm, winkte am Ende der Straße. Dahinter lag der Lange Markt mit dem schönen Grünen Tor. Das
ganze Bild wirkte wie eine Märchenlandschaft auf unser
Flöckchen, an der es sich gar nicht sattsehen konnte.

Flöckchen schaute und schaute, bis es plötzlich zusam-
menschrak. Hell und klar ertönte das alte Rathaus-
Glockenspiel in einer langsamen feierlichen Melodie. Das
hatte Flöckchen noch nie gehört, und es klang ihm seltsam
ergreifend. Es merkte erleichtert, daß die geisterhaften Töne hoch aus den Lüften keine Gefahr bedeuteten, und freute sich dann ihrer von Herzen.

Dicht unter dem Flöckchen herrschte auf der Straße ein
emsiger Verkehr. Menschen eilten geschäftig hin und her,
strömten in die Geschäfte und kamen mit großen und kleinen Paketen beladen wieder heraus. Das konnte das

Flöckchen genau beobachten, und dabei fielen ihm die frohen Gesichter der Menschen auf. Einige von ihnen schleppten Tannenbäume, an denen noch der Schnee hing. Die elektrischen Straßenbahnen fuhren laut klingelnd hin und her, und alle waren überfüllt. Auch viele andere Fahrzeuge, Autos und Wagen, sah man in der Straße, die schon vom leichten Dämmerschein überzogen wurde. Nach und nach aber erstrahlte diese Straße im Schein der Straßenlampen und der reich dekorierten Schaufenster, so daß der Schnee elfenbeinfarbig zu leuchten begann.

Welch ein Betrieb, dachte Flöckchen erstaunt, und warum haben es die Menschen alle nur so eilig? Da fiel ihm plötzlich ein, was es bei Frau Holle gehört hatte: Auf Erden feierte man ja heute ein Fest, das Weihnachten hieß, und das begann in wenigen Stunden mit dem Heiligen Abend, an dem aller Hader unter dem Licht der Geburt des Herrn der Christenheit schweigen sollte. Die Schneeflocken hatte Frau Holle sicher deshalb zur Erde geschickt, um alles Dunkle zu verbannen, denn zur Weihnacht gehört nun wohl der blütenweiße, glitzernde Schneemantel, der nicht nur das Land, sondern auch die Herzen mit lichtem Glanz erfüllt und den Menschen den Frieden schenkte.

So war nun der Heilige Abend herangekommen, und die so lebendige Straße wurde allmählich ganz still, die Schaufensterlichter erloschen, und die Langgasse war wie ausgestorben. Dafür aber begann hinter den Fenstern der einzelnen Wohnungen ein geheimnisvolles Treiben – die uralten Weihnachtsgepflogenheiten nahmen ihren Lauf. Weiße und farbige Lichter mit goldgelbem Schein glänzten auf den aufgestellten Tannenbäumen auf und zeigten den flimmernden schönen Silberschmuck der Bäume. Glänzende Kugeln hingen an den Zweigen, und dazwischen schimmerten edelsteingleich die Lamettabehänge. Große weiße wattige Schneeflocken waren über den ganzen Baum verstreut, was Flöckchen besonders freute, da sie so ganz natürlich erschienen. Die Spitzen der Bäume wurden gekrönt durch eine gleißende Silberspitze, und unten am

Fuße stand in vielen Wohnungen eine erleuchtete Krippe, in der das Christkind lag, umgeben von Maria, Josef und den Hirten. Vor dem Baum war immer ein großer Tisch aufgestellt, auf dem für jedes Familienmitglied die Weihnachtsgeschenke aufgebaut waren.

Hinter den Fenstern der Wohnungen wurden dann die alten Weihnachtslieder gesungen, oft auf einem Klavier begleitet. Die kleineren Kinder sprachen Weihnachtsgedichte, und dann begannen überall das Umarmen und die Glückwünsche zum Fest. Die Geschenke wurden bestaunt, die Kinder bemächtigten sich jubelnd ihrer neuen Spielsachen, und die Augen der Erwachsenen schimmerten oft vor Rührung. Sie dankten sich gegenseitig und stießen mit vollen Gläsern auf eine „Frohe Weihnacht" an. Ein glücklicher Friede lag über dem ganzen Bild und erfüllte damit den tiefen Sinn dieses Festes.

Von allem Glanz des Gesehenen ward Flöckchen ganz feierlich zumute. Doch jetzt kam die große Überraschung des heutigen Festes: Mit mächtigem Gedröhn begannen die Glocken der Marienkirche und anderer Gotteshäuser über der Stadt hin- und herzuschwingen und die Festlichkeit des heutigen Abends zu bekunden. In vollem Chor sangen sie über den Dächern Danzigs, und ihr Klang drang auch in die finstersten, verstocktesten oder verzweifeltsten Menschenherzen. Im ersten Augenblick schrak das Schneeflöckchen zusammen, weil der Glockenhall zu mächtig war, aber bald merkte es, daß das machtvolle Geläut nur ein Ausdruck der Freude war und nichts Böses zu bedeuten hatte. „Ehre sei Gott in der Höhe", sang das Erz zum dunklen Nachthimmel empor, und viele Fenster öffneten sich, um die Kraft dieser Verkündigung voll zu erfassen.

Und jetzt erklang, als Untermalung des Geläuts, vom Ende der Straße eine Melodie, so ernst und innig, daß Flöckchen ganz gerührt war. Da nahten sie, die schwarz vermummten Bläsergestalten, und spielten auf ihren blanken Instrumenten in schöner Harmonie die alten, vertrauten Weihnachtslieder, „O du fröhliche", „Stille Nacht" und „Vom Himmel hoch". Die Menschen lauschten den alten Weisen, bis sie in der Ferne verhallten. Es war, als ob bei diesen Klängen in der Christnacht der Himmel sich öffnete und seinen Frieden über die Christenheit herniederströmen ließ.

Das Flöckchen und seine Genossinnen um es herum waren von diesen Ereignissen so beeindruckt, daß die ganze Schneekappe des Lichtkandelabers plötzlich fühlte, wie die Kristallstäbchen zu zittern begannen und sich niederbogen, bis sie ins Rutschen gerieten und sich allmählich in Tränen auflösten. Doch Flöckchen wußte nichts davon, daß der Schnee als klare Tautröpfchen wieder in den ewigen Kreislauf der Natur einbezogen würde, um schließlich in Frau Holles Federbetten zurückzukehren.

Alte Gasse im Schnee

Helene Westphal

Du alte Gasse mit den Giebelhäusern,
mit Beischlagstufen,
breit, gelassen und uralt.
Von tausend Lebensschritten
längst schon abgeschliffen. –
Verschneit das alles – wie Vergangenheit.
Und Schnee, in Licht getaucht,
hoch auf dem Scheitel noch
von Sankt Marien.
Ein Wölkchen Rauch aus einer Esse
wie Atem, den du atmest,
zum Zeichen, daß du lebst. –
Wie eine Seele – wie deine Seele,
du geliebte Stadt!

Wort voller Zauberklang

Ulrich B. Marker

Weihnacht, du Wort voller Zauberklang!
Hell tönt der Engel Gloria-Sang
Bei der Geburt von Gottes Sohn.
Er stieg herab von seinem Thron
Und wurde Mensch für seine Christenheit,
Den Frieden kündend weit und breit.

Weihnacht, du Wort voller Zauberklang!
Wenn reine Kinderherzen schlagen bang
Am heil'gen Tag im kleinen Raum.
Beim Krippenbild am Lichterbaum
Zieht Fröhlichkeit in jedes Herz,
Verbannend Kümmernis und Schmerz.

Weihnacht, du Wort voller Zauberklang!
Erstatte deinem Welterlöser Dank;
Auch dann, wenn fern von deinen Lieben
Dich hartes Schicksal in die Welt getrieben,
Blick auf zum Jesuskind im Stroh,
Es gibt dir Trost und macht dich froh.

Weihnacht, du Wort voller Zauberklang!
Wenn daheim beim Festtagsglockenklang,
Bei Sternenschein und Winterwind
Die Eltern denken an das ferne Kind,
Dem jetzt, durch lange Zeit getrennt,
Der gleiche Wunsch im Herzen brennt.

Weihnacht, du Wort voller Zauberklang!
Dem du das ganze Leben lang
Verfallen bist durch Wunder Kraft,
Die Gottes Allmacht einzig schafft.
Sein Sohn nahm heute Menschgestalt
Und froher Jubelchor erschallt:

„Gloria, gloria in excelsis deo!"

Der Weihnachtsgast

Günter Pogatzki

Erna Dick bewohnte eine kleine Mansardenstube im dritten Stock eines engbrüstigen Hauses in der Brotbänkengasse. Selten wohl stand ein Name so im Gegensatz zu seinem Träger, wie es bei der kleinen, verwachsenen Person der Fall war. Bei einem unglücklichen Sturz vom Heuwagen hatte Erna Dick sich als kleines Mädchen eine Rückgrat-Verkrümmung zugezogen, die trotz aller ärztlichen Kunst nicht zu beheben gewesen war. Jetzt fristete sie ein armseliges Dasein als Weißzeugnäherin.

Ihre Wiege stand im Bankauer Forst, wo ihr Vater Revierförster war. In ihrem sechsten Lebensjahr brachte man den Forstbeamten gerade am Heiligen Abend tot ins Haus. Er war das Opfer eines Wilddiebes geworden, der auf der Lauer nach einem Weihnachtsbraten gelegen hatte und von Förster Dick bei seinem schwarzen Handwerk überrascht wurde. Im Handgemenge löste sich ein Schuß aus dem Drilling des Diebes und drang in die Brust des Försters. Die Mutter mußte nach dem Gnadenvierteljahr dann das Forsthaus verlassen und zog mit Erna in die alte Hansestadt, aus der sie stammte.

Zwanzig Jahre lebte sie dort und ernährte sich und ihre immer etwas kränkelnde Tochter von ihrer kargen Pension. Erna lernte nach dem Besuch der Schule das Nähen, und da sie mit den Händen flink und geschickt war, konnte sie sich als Weißzeugnäherin in den gut situierten Kreisen Danzigs nützlich machen und verdiente dabei so viel zu der schmalen Pension ihrer Mutter hinzu, daß die beiden Frauen ihr leidliches Auskommen hatten.

Da Erna immer ein freundliches Wesen zur Schau trug, ihre Arbeit zur Zufriedenheit der Kundschaft ausführte und dabei zuverlässig und bescheiden war, erwarb sie sich sehr schnell das Vertrauen der Damen, die sie ihren Kränzchenschwestern und Kollegenfrauen weiterempfahlen. Überall in der Langgasse, auf dem Karrenwall, in der Weidengasse, am Hansaplatz und in den Villen der Halben Allee, war Erna Dick eine willkommene Helferin der Hausfrauen, denen sie mit ihren geschickten Händen das Bettzeug, die Tischtücher, die Oberhemden des Hausherren und die Feinwäsche ausbesserte. Je nach Bedarf blieb sie in jedem Hause fünf bis acht Tage und nahm bei ihrer Arbeit in den vornehmen Kreisen auch die dort geübten guten Sitten an. „Dickchen", wie man sie überall nur nannte, erfreute sich in diesen Familien eines nicht geringen Ansehens, und man lohnte ihr ihre Arbeit und ihr freundliches, zuverlässiges Wesen durch liebenswürdige Behandlung und zog sie gelegentlich sogar bei Familienangelegenheiten ins Vertrauen. Man wußte genau, daß sie verschwiegen und keine Zuträgerin von Haus zu Haus war.

Zwanzig Jahre lang konnten die beiden Frauen zusammen wirtschaften. Die Mutter versah das kleine Hauswesen, Erna ging morgens in die Familien und kehrte abends in die kleine Wohnung in der Brotbänkengasse zurück und berichtete der Mutter dann ihre Tageserlebnisse. An den Sommersonntagen leisteten sich beide gelegentlich das Vergnügen einer Tagesfahrt nach Heubude oder Bohnsack und erholten sich dort am Strande und in den Wäldern von den Lasten des Alltages.

Das Leben Dickchens änderte sich mit einem Schlage, als die Mutter von einer Grippe befallen wurde und auch gerade an einem Heiligen Abend ihre Augen für immer schloß. Dickchen hatte nun niemand mehr, der für sie sorgte. Sie mußte jetzt, ganz auf sich gestellt, ein sehr armseliges Leben fristen und nur von dem Lohn, den ihr die Weißnäherei einbrachte, und einer kleinen Wohlfahrtsrente ihre Existenz bestreiten. Sie konnte von der Wohnung, in der sie mit der Mutter bisher drei kleine Zimmer innehatte, nur noch eine Mansarde für sich behalten und fühlte sich, wenn sie abends nach ihrer Arbeit nach Hause kam, sehr einsam und verlassen.

Am schlimmsten aber war es für sie an den Sonn- und Feiertagen. Sie fuhr sommertags nicht mehr in die Seebäder, sondern lag müde und abgearbeitet auf ihrer Ruhestatt und haderte mit ihrem Schicksal. Die Damen, bei denen sie wochentags nähte, bemühten sich zwar mit großer Anstrengung, ihr wieder neuen Mut einzuflößen und sie auf die Schönheiten des Lebens und der Welt hinzuweisen, aber das verwachsene Dickchen war flügellahm geworden und keinem noch so gutgemeinten Zuspruch mehr zugänglich. Zwar blieb sie freundlich gegen jedermann und verrichtete ihre Arbeit zuverlässig und treu wie immer, aber der Lebensmut hatte sie verlassen, und müde und mit sich und der Welt zerfallen warf sie sich abends auf ihr Bett.

Die schlimmste Zeit des Jahres waren für sie die Wochen vor Weihnachten und das Fest selbst. Hatte ihr doch gerade diese Zeit die schmerzlichsten Wunden geschlagen, sie beider Eltern und des Jugendglückes in den heimischen Wäldern beraubt und alles genommen, was ihrem armen Leben Glück und Geborgenheit verliehen hatte. Drei Wochen vor Weihnachten, wenn in den Wohnungen, in denen sie an der Nähmaschine saß, der Festglanz zu leuchten begann, war sie ohnehin ganz sich selbst überlassen. Wer von den Damen mochte, wenn die Weihnachtsvorbereitungen in vollem Gange waren, noch eine Näherin in der Wohnung sitzen haben! Sie hatten in diesen Tagen andere Gedanken! Die Wäsche lag wohlgeordnet und sorgfältig ausgebessert in den Fächern der Schränke, und die Hausfrauen wählten in den lichterstrahlenden Geschäften der Stadt die Geschenke für ihre Lieben aus, trafen sich bei Mix oder Steuer, um ihre Marzipaneinkäufe zu tätigen, und blätterten in den Bänden der Buchhandlungen, um die heimlichen Bücherwünsche ihrer Männer und Kinder zu erfüllen. Auch die Weihnachtsbäckerei erforderte Zeit und Muße, und wo gab es in Danzig wohl ein Haus, in dem nicht zusätzlich zu den würzigen Thorner Katharinchen noch eigene Pfefferkuchenbäckerei betrieben wurde!

Nein, für die Beschäftigung einer Weißzeugnäherin hatte jetzt niemand Zeit, und Dickchen mußte zusehen, wie sie diese Wochen hinbrachte und sich bis in die ersten Januartage hinüberrettete. Man hatte ihr ja ein kleines Geschenk und obendrein noch alle guten Wünsche mitgegeben. So war man ihr gegenüber in seinem Gewissen entlastet und glaubte sie für die Festtage gut versorgt.

Erna Dick hatte nun schon das dritte Weihnachtsfest ohne die Mutter schlecht und recht überstanden. Wenn draußen vor ihrem Hause die Weihnachtsmusikanten vorbeizogen und mit ihren Chorälen die Hohe Nacht einbliesen, und wenn die Glocken der nahen Marienkirche ihr machtvolles Geläut ertönen ließen, dann hatte Dickchen auf ihrem Lager gelegen und sich in den Schlaf geweint. Einen Weihnachtsbaum hatte sie nicht, und der Glanz der hochheiligen Nacht drang nicht in ihr müdes Herz hinein.

So war der vierte Heilige Abend, den sie ohne die geliebte Mutter verbringen mußte, herangekommen. Dickchen konnte sich auch heute nicht dazu entschließen, sich von ihrem Ruhebett, auf dem sie sich angekleidet niedergelassen hatte, zu erheben. Zwar hatte sie sich morgens den kleinen Ofen geheizt und sich ein kärgliches Mittagessen zubereitet, dann aber verließen sie die Kräfte. Sie warf sich auf ihr Sofa und schaute auf die Bilder ihrer Eltern, die auf dem Vertiko standen.

„Warum nur habt ihr mich so früh verlassen und mich nicht dorthin mitgenommen, wo ihr jetzt seid", schluchzte sie immer wieder.

Auch nicht der kleine, mit Lametta geschmückte Tannenzweig, der neben den Bildern der Eltern lag, den ihr eine freundliche Nachbarin am Morgen hereingebracht hatte, vermochte sie zu trösten.

Draußen sanken langsam die Schneeflocken zur Erde hernieder. Es dunkelte bereits, und die Straßenlampen flammten auf. Hin und wieder drangen Klangfetzen der durch die Nachbarstraßen ziehenden Weihnachtsmusikanten in ihre Kammer herein. Auch aus dem Lautsprecher der Nachbarin klang gedämpfte Musik zu ihr herüber. Dickchen bemühte sich, sie zu überhören, und verbiß sich immer mehr in ihren Einsamkeitsschmerz. Sie konnte keine Weihnachtsfreude empfinden.

Plötzlich klopfte es fast ein wenig energisch an ihre Mansardentüre. Dickchen glaubte, daß die Nachbarin sie

noch einmal aufsuchen wollte, und rief mit tränenunter-
drückter Stimme „Herein". Aber nicht die Nachbarin war
es, die zu ihr kam – auf der Schwelle der sich öffnenden Türe sah sie eine ältere weißhaarige Dame, in deren Pelzbarett
noch die Schneeflocken wie Silbersterne funkelten.
Dickchen erkannte die Dame sofort und erhob sich von
ihrem Lager. Es war die Witwe des im vergangenen Winter
verstorbenen Sanitätsrates Weikhmann, in deren Haus sie
seit nunmehr zwanzig Jahren regelmäßig nähte.

Frau Weikhmann war immer ganz besonders freundlich, wenn nicht gar mütterlich zu ihr gewesen. Die kinder-
lose Dame bewohnte mit ihrer Haushälterin Riecke das
große Haus in der Weidengasse, in dem ihr Mann gleichzeitig die Arztpraxis ausgeübt hatte. Allmählich fiel es ihr
schwer, das geräumige Haus zu bewirtschaften, und besonders Riecke stöhnte über die viele Arbeit. Frau Weikhmann hatte schon öfters auch zu Dickchen gesagt, daß sie
das Haus nicht mehr lange werde bewohnen können und
die Absicht habe, sich in ihr kleines und weitaus bequeme-
res Landhaus zurückzuziehen, wohin sie dann Riecke mitnehmen werde.

Riecke war eine stattliche Mittfünfzigerin, ihrer Herr-
schaft treu und blindlings ergeben. Zu Dickchen fühlte sie
sich immer hingezogen, da sie an dem stillen, freundlichen
Wesen der Näherin Gefallen hatte. Sie plauderte oft mit ihr,
steckte ihr Reste vom Mittagsmahl zu und zuweilen be-
glückte sie sie mit schmackhaften Dingen aus Küche und
Keller – natürlich immer im Einverständnis mit der
freundlichen Dame des Hauses.

Nun also stand Frau Weikhmann, deren Haltung man
ohne Mühe die Generalstochter ansah, im Dämmerlicht in
Dickchens Mansarde, lächelte die kleine Näherin freundlich an und sagte mit warmem Ton:

„Wundere dich nicht über meinen Besuch, Dickchen.
Du bist gar nicht weihnachtlich gestimmt, und ich kann
dich auch ganz gut verstehen. Und dennoch möchte ich
etwas Weihnachtsfreude in deinen verweinten Augen
schimmern sehen. Laß es mich kurz machen. Ich habe an

dich einen Weihnachtswunsch und hoffe zuversichtlich, daß du ihn mir erfüllen wirst. Ich gebe die unbequeme Wohnung in der Weidengasse auf und werde mich in das Landhaus in Mariensee zurückziehen, das mein lieber Mann mir hinterließ. Und ich würde mich freuen, wenn du mir alten Frau dorthin folgen und mir, solange der Herrgott mir noch Zeit läßt, Gesellschaft leisten würdest. Verstehe mich bitte richtig, ich will dir nichts schenken, keine Almosen und Gnadenbeweise. Du sollst mir helfen, mein einsames Leben durch deine freundliche Gegenwart liebevoll zu erhellen. Das ist eine große Aufgabe, die deiner da harrt. Du kannst dich auch nützlich machen, zu nähen gibt es immer etwas, außerdem kannst du nett plaudern, wenn die letzten Hüllen deiner nutzlosen Trauer von dir abgefallen sind. Du kannst mir auch vorlesen, Spaziergänge in den Wäldern mit mir machen – du bist ja selbst ein Kind des Waldes.

Unsere alte Riecke, mit der du dich so gut verstehst, wird für uns kochen und uns bewaschen, wobei du ihr vielleicht auch etwas zur Hand gehen kannst. Vor allem aber sollst du ganz für mich da sein und aufpassen, daß mich in der ländlichen Einsamkeit die ‚Grillen' nicht überfallen. Und wie ich glaube, werden über dieser Aufgabe und in der neuen Umgebung, in der guten, würzigen Luft auch die deinen entfliehen. Wenn dann meine Tage um sind, ist wohl genug vorhanden, um dir und meiner guten, alten Riecke den Lebensabend zu sichern."

Als Dickchen darauf einfach keine Worte fand, fuhr Frau Weikhmann fort: „Du hast noch Bedenken, mein Kind? Ja, ich weiß, du willst vielleicht nicht so weit entfernt vom Grabe deiner Mutter sein. Auch ich habe in der Halben Allee ein teures Grab zu warten. Doch überlege einmal, Mariensee ist nicht weit, kaum eine Autobusstunde von hier; wir können nach Danzig immer hineinfahren, wann es uns beliebt. Und was sind schon Gräber, Dickchen? Eigentlich doch nur Erinnerungsstätten. Was unter ihren Hügeln liegt, sind das wirklich noch die Menschen, die wir liebten, mit ihrem warmen Lebenshauch, ihrer Güte und ihrem Leid, oder sind es nicht vielmehr nur noch zerfallene Hüllen? Wenn wir unsere geliebten Verstorbenen nicht in unseren Herzen begraben haben und sie nicht immer wieder in unseren Seelen zu neuem Leben erwecken würden, dann blieben wir ihnen doch das Wichtigste schuldig – nämlich die auch über den Hügeln noch weiterwirkende Liebe."

„Aber ich predige, und das liegt mir, der alten preußischen Soldatentochter, eigentlich überhaupt nicht. Doch nun komm! Wir gehen nun erst einmal beide zur Christvesper. Die verlebe ich nie in den weiten Hallen unserer ehrwürdigen Marienkirche oder in dem strahlenden Glanz der Johanniskirche. Nein, Weihnachten bin ich immer zu Gast in meiner lieben kleinen, schlichten Salvatorkirche bei dem guten, alten Pfarrer Meier, der mir das Evangelium so auslegt, wie es mein altes Herz braucht, und dem ich nicht zuletzt den Anstoß zu dem Entschluß, dich für immer um deine Gesellschaft zu bitten, verdanke. Du nähst ja auch in seinem Hause, und er kennt dich noch als kleines Mädchen. Ich glaube, du bist schon lange nicht mehr in der Kirche gewesen. Der Gottesdienst an diesem Abend wird auch deiner Seele wohltun."

„Komm, überlege nicht lange, es wird Zeit für uns. Die Glocken läuten schon. Ziehe deinen Mantel an, es ist bitter kalt draußen. Der Schnee knirscht unter den Füßen. Anschließend gehen wir dann zu mir nach Hause, wo Riecke uns die Lichter am Baum anzünden wird. Ein Grog wird uns nach dem weiten Heimweg bekömmlich sein, und dabei sprechen wir noch einmal in Ruhe über alles. Du kannst auch in den Feiertagen zu mir kommen, dann wollen wir eine kleine Generalprobe anstellen, ob wir gegenseitig aneinander die Freude empfinden, die für ein Zusammenleben notwendig ist, obwohl ich nicht daran zweifle, mein Kind."

Frau Weikhmann hatte dies alles im Stehen gesprochen und setzte sich nun etwas erschöpft auf das Sofa, das gleichzeitig das Ruhelager ihres Schützlings war. Die Weihnachtspredigt, die sie Erna Dick hielt, hatte sie doch ein wenig mitgenommen. Gespannt schaute sie auf das hilflose Wesen, das ihr gegenüber, völlig in sich zusammengesunken und in Tränen aufgelöst, auf dem einzigen Stuhl in der Mansarde saß. Frau Weikhmann ließ ihr Zeit, sich zurechtzufinden. Nach einer Weile erhob sie sich, trat hinter Ernas Stuhl und legte ihr sanft die Hand auf den gekrümmten Rücken. Die liebevolle Berührung ihres armen Körpers beruhigte die Näherin, sie stand von ihrem Stuhle auf und sah der Sanitätsratswitwe fest in die Augen. Dieser Blick gab Frau Weikhmann die Gewißheit, daß die kleine Näherin sich entschieden hatte und gewillt war, ihr Leben nun doch in ihre Hände zu legen.

Dann tat Dickchen etwas, was Frau Weikhmann gar nicht sehr gefiel: Sie beugte sich über die Hand ihres Gastes und drückte einen heißen, tränenfeuchten Kuß darauf. Frau Weikhmann entzog ihr sanft ihre schmale Hand. „Das, liebes Kind", sagte sie, „überlassen wir lieber den Offizieren und den Junkern. Doch nun ziehe deinen Mantel an und komm! Der Pfarrer wartet nicht auf uns, und die Kirche wird heute voll."

An diesem Weihnachtsabend gingen dann zwei glückliche Frauen über den knirschenden Schnee, vorbei an der schwarzblinkenden Mottlau durch die Röpergasse und Ankerschmiedegasse, über den Winterplatz und die Lastadie zu dem kleinen Gotteshaus am Fuße des Bischofsberges, begleitet von den frommen Klängen der Straßenmusikanten und dem wuchtigen Geläut der Danziger Kirchenglocken. Als sie die kleine Kirche in ihrem Festglanz betraten, war es ihnen, als leuchte um den Altar das ewige Licht, Zukünftiges und Liebeverheißendes kündend. Und beide, die alte, gütige Frau und die kleine verwachsene Näherin neben ihr auf der Bank, stimmten aus übervollem Herzen ein in den Chor der andächtigen Weihnachtsgemeinde: „Vom Himmel hoch, da komm' ich her, ich bring' euch gute neue Mär ..." Um die Kirche herum aber tanzten die Flocken ihren fröhlichen Reigen und hüllten die Straßen der alten Stadt in ein weihnachtliches Gewand.

Stille Nacht

Anneliese Blumenthal

Ruhig und gelassen atmet die See. In weichem Bogen ziehen sich Strand und waldige Küste von Zoppot hinaus in die Dämmerung, bis weit hinten die Höhen von Adlershorst im Dunst des Winterabends verschwimmen. Eine dichte, weiße Schneedecke verhüllt alle Formen von Strand und menschenleerem Kurgarten. Auf dem Seesteg ist es so still heute abend, nur gedämpft tönt das Rauschen der See herauf. Dort, wo die letzten Ausläufer der Küste nur noch zu ahnen sind im tiefer werdenden Dunkel, blinken jetzt die Leuchtfeuer auf, fern und lautlos, und machen das Schweigen ringsum fast fühlbar.

Tief und dunkel dehnt sich das Meer, aus dem langsam und bedächtig der Mond emporsteigt. Gefällt es ihm heute abend hier? Er beeilt sich höherzusteigen. Einen blinkenden Streifen wirft er auf das dunkle Wasser, als sein Auge freundlich über Strand und Steg von Zoppot weilt.

Leise ist der Mond höhergestiegen und sieht nun hinunter auf die alten Gassen von Danzig. Tönt da nicht Orgelklang durch die hoch emporstrebenden Fenster der Marienkirche? Seinen weichen, blassen Schleier hat der Mond über die schmalen Giebel der Jopengasse gehängt und schaut durch bunte Scheiben hinein in die dämmrigen Hallen des Domes. Strahlend und voll jauchzenden Glückes füllt jubelnder Klang die Kirche, schwingt sich empor zu den hohen Gewölben, verbündet sich mit dem erhabenen Ernst der Gotik und läßt es licht werden in dem weiten Raum. Drinnen singen sie Johann Sebastian Bachs Weihnachtsoratorium:

„Jauchzet, frohlocket! Auf, preiset die Tage!
Rühmet, was heute der Höchste getan!
Lasset das Zagen, verbannet die Klage,
Stimmet voll Jauchzen und Fröhlichkeit an!"
Lange hat der Mond zugehört. Dann nimmt er vorsichtig seinen Schleier wieder von den alten Giebeln und zieht

voll staunender Erwartung weiter. Über dem Langen Markt muß er wieder stehenbleiben. Weich streift er mit seinem Zauberschein über die hohen, schlanken Fassaden der schönsten Giebelhäuser und breitet sein kühles Licht auf die dick verschneiten Beischläge, streichelt den Neptun auf dem Brunnen. Er sieht durch die Fenster in die Halle des Artushofes, doch hier ist alles still heute. Da ertönt plötzlich hell und freundlich das Glockenspiel vom Rathausturme, schwebt klingend über die stillen Straßen. Froh und unbekümmert singt es sein Lied in die mondhelle Nacht:

>   „Lobt Gott, ihr Christen alle gleich
>   in seinem höchsten Thron,
>   der heut' schließt auf sein Himmelreich
>   und schenkt uns seinen Sohn."

Es ist Weihnachtsabend!

Leise ist der Mond weitergewandert, den Deich an der Toten Weichsel entlang, die heute dicke, graue Eisschollen trägt, vorbei an der alten Fachwerkkirche von Bohnsack mit ihrem schlanken, spitzen Turm, in der jetzt auch der Weihnachtsgottesdienst gehalten wird. Weiter geht er am tief verschneiten Dünenwald der Binnennehrung hin. Jetzt scheint er freundlich auf die kleinen, niedrigen Häuser der Fischer und Landarbeiter und sieht durch die hellen Scheiben hinein in saubere, kleine Stuben. Hier sitzen sie beim warmen Ofen am Tisch. Die Kerzen am Tannenbaum sind erloschen, das Licht der Deckenlampen füllt jetzt die Zimmer.

Der Mond vor den Fenstern hört manche der alten und neuen Nehrungsgeschichten, die sie sich da drinnen erzählen. Doch dann zieht er weiter, die Chaussee entlang durch das schlafende Fischerdorf am Dünenwald, bis er an den Weichsel-Durchstich kommt, auf dessen Rücken schwere Eisschollen sich hinausschieben ins Meer. „Es ist nun Zeit, schlafen zu gehen", denkt der Mond und steigt langsam hinab zum Horizont.

An dem breiten, einsamen Strand hinter dem Wald leuchten die verschneiten Dünenwellen fahl im letzten Licht des untergehenden Mondes. Es rauscht feierlich und groß die unendliche See. Stille Nacht! Heilige Nacht!

Alt-Danziger Giebelhäuser

Mondnacht über Danzig

Joseph von Eichendorff

Dunkle Giebel, hohe Fenster,
Türme tief aus Nebeln sehn,
Bleiche Statuen wie Gespenster
Lautlos an den Türen stehn.

Träumerisch der Mond drauf scheinet,
Dem die Stadt gar wohl gefällt,
Als läg' zauberhaft versteinet
Drunten eine Märchenwelt.

Ringsher durch das tiefe Lauschen
Über alle Häuser weit,
Nur des Meeres fernes Rauschen,
Wunderbare Einsamkeit.

Und der Türmer wie vor Jahren
Singet sein uraltes Lied:
Wolle Gott den Schiffer wahren,
Der bei Nacht vorüber zieht!

Danziger Christmär

Bruno Giersche

Nach einem alten Volksglauben, der im Danziger Lande
verbreitet war, steigt in der Heiligen Nacht das Christkind
auf die Erde herab und geht unsichtbar und wunderwir-
kend durch die Welt, um allen guten Menschen, die in Be-
drängnis sind, zu helfen. Den Weg, den das Christkind
nimmt, kann man genau verfolgen, denn unter seinen Fuß-
spuren schmilzt der Schnee und weiße Christrosen er-
blühen dort. Und überall, wo es vorbeikam, tragen die
Bäume und Sträucher silberne Wunderblüten und junges
Grün sprießt unter dem Schnee hervor. Dieses geheimnisvolle Blühen soll jedoch nur eine Stunde währen und nur
demjenigen sichtbar werden, der ein reines Herz hat.

Daß nur die guten Menschen von dem göttlichen Kinde
wundersame Hilfe zu erwarten hatten, erzählt folgende
Christmär:

In einem Wald vor den Toren Danzigs lag in stiller Ver-
borgenheit ein kleiner See. Jedes Jahr in der Weihnachts-
nacht kam das Christkind auch hier vorbei und verwandel-
te das Wasser für eine Stunde in Wein. Wenn ein Kranker
von diesem Wein trank, wurde er sogleich gesund. Da lebte im nächsten Dorf eine arme Witwe mit ihrem einzigen
Kinde. In ihrer ärmlichen Hütte herrschte arge Not, denn
seit vielen Wochen lag die Mutter krank zu Bett und hatte
nichts verdienen können. Deshalb gab es für das Kind in
diesem Jahr auch keinen strahlenden Christbaum. Traurig
saß es am Heiligen Abend in dem düsteren Raum am Kran-
kenbett der Mutter. Aber als die Stunde der Christnacht
kam, erzählte sie ihrem Kinde die Mär von dem wundersamen Wasser und sagte dann zu ihm:

„Nimm den Krug und hole mir aus dem Waldsee ein wenig Wasser, das das Christkind heute in Wein verwandelt.
Wenn ich davon trinke, dann werde ich sicher wieder gesund."

Das kleine Mädchen hatte zunächst Furcht, den nächtlichen Weg allein zu gehen. Doch aus Liebe zur Mutter überwand es die Angst, und als es beim zwölften Glockenschlag an den See kam, war das Christkind hier schon vorbeigegangen, und hatte das Wasser in Wein verwandelt. Schnell füllte das Kind seinen Krug und eilte heim. Als die Mutter von dem Wein trank, genas sie in der gleichen Stunde.

Die Nachricht von dieser wundersamen Heilung kam auch einem reichen Geizhals zu Ohren. „Ei der Tausend", sprach der bei sich, „das ist ja die beste Gelegenheit, um sich einen guten Trunk kostenlos in den Keller zu legen." – Als dann im nächsten Jahr wieder der Heilige Abend kam, lud er sein größtes Faß auf den Wagen und fuhr damit zum Waldsee hinaus. Als er dort von dem Wasser kostete, murmelte er ungeduldig: „Wird es nicht bald zu Wein?" Da begannen in der Ferne die Weihnachtsglocken von St. Marien zu läuten, und ein roter Schimmer huschte über das dunkle Gewässer. „Nun ist es endlich Wein!" frohlockte der Geizhals. Gierig beugte er sich über den See, um sein Faß zu füllen. Aber da rief plötzlich eine laute Stimme aus der Tiefe: „Nun bist du mein!" Darauf packte ihn ein Grauen, er stürzte in das Wasser und ertrank.

Spaziergang in der Christnacht

Die Feier des Heiligen Abends im Elternhaus war vorüber. Die Kerzen am Weihnachtsbaum waren erloschen. Er stand leise knisternd im Dunkeln – eine unsichtbare Gegenwart, eine sanfte, feierliche Gewißheit. Helga, die Tochter, nahm Hut und Mantel, um, einer lieben Gewohnheit folgend, noch einmal allein hinauszugehen in den Weihnachtsabend.

Es war schön, hinter kaum verhüllten Fenstern Kerzen brennen zu sehen im blinkenden Schmuck anderer Bäume als des eigenen daheim. Die Fremden, denen sie leuchteten, wurden Helga seltsam vertraut, als gehörten sie zu ihr. Es war still in den weihnachtlich weißen Straßen. Nur hier und da noch letzte Schritte verspätet Heimkehrender. Nur das weiße Geheimnis des Schnees und der Zauber des holden, verwandelnden Lichtes, das in den Abend sickerte. Manchmal eine leise, verwehende Melodie, die die Stille noch tiefer machte.

Helga ging die Zoppoter Seestraße hinunter, durch den einsamen Kurgarten, hinaus auf den menschenleeren Seesteg, eine weiße Straße über das Meer, die in die Ewigkeit zu führen schien. Am stillen Strand der leise Wellenaufschlag, schneegedämpft, wie ihre eigenen Schritte, die hinter ihr zurückblieben. Helga war ganz allein, doch ohne Bangen, wie umschlossen vom Dom der Nacht, die leise atmete und über ihr, sanft rauschend, der allmächtige Sternenbaum. Sie stand weit draußen auf der kleinen Plattform, das einzige Wesen, ein kleiner Mensch – vor ihr und um sie das weite, dunkle Meer.

Ob ihr dann doch in dieser nächtlichen Wintereinsamkeit bange wurde? Sie wandte sich um, sah die vertrauten Linien der Küste von Zoppot weiß entgegendämmern, sah Lichter, einen Kranz von Lichtern, weit hinaus bis an den Horizont, der unbestimmt im Dunkeln sich verlor. Es war ein Kranz von Lichtern, von Menschenhänden angezündet, die Weihnacht feierten. Diese Vorstellung zog Helga aus der weiten Einsamkeit der Sterne und der

Wellen wie magisch wieder warmer Nähe zu. Sie ging zurück.

Da – im ganz verlaßnen, winterlichen Kurgarten – da geschah's. Vom Nordstrand jagte es heran wie eine schwarze Kugel, keuchend, rasend. Ein kleines wirbelndes, lebendiges Etwas. Es war ein schwarzer Pudel, der wohl seinen Herrn suchte. Mit roter Zunge, keuchend, schnüffelte er kurz an Helga herauf – und jagte weiter. Er zog einen großen schwarzen Ring um die verlaßnen, winterlichen Beete des Kurgartens und rannte dann atemlos davon, zum andern Ausgang hin, dem Südpark zu.

Helga stand wie fest gebannt. Der schwarze Ring, den der kleine Pudel in rasendem Lauf um die Beete gezogen hatte, blieb ihr im Blick hängen und noch lange in Erinnerung. „Ich wünschte, daß der Kleine seinen Herrn schnell wiederfindet – sonst werden es für beide wohl sehr traurige Weihnachten werden", dachte Helga und machte sich auf den Heimweg.

Der Heimat Glocken

Ernst Lucks

Vom Himmel wirbeln die Flocken
Und decken die Erde so sacht.
Ich höre der Heimat Glocken
In der stillen, heiligen Nacht.

Es webt ihr Rufen und Klingen
Gleich einem herrlichen Traum,
Als würden Engel singen
Beim duftenden Tannenbaum.

Die Kerzen flackern und schimmern
Und spenden freundlichen Schein.
So war es zu Weihnachten immer,
Am schönsten bei uns daheim.

Und neues Hoffen und Sehnen
Verdrängen Gram und Leid
Und trocknen die heißen Tränen
Um Heimat und Jugendzeit.

Heiligabend daheim

Karl-Heinz Jarsen

Am 24. Dezember gegen Mittag traf der Zug im Danziger Hauptbahnhof ein. Zwischen Soldaten und Zivilisten, die jetzt ausstiegen, die Tunneltreppe hinabgingen und der Sperre zustrebten, befand sich auch ein junger Gefreiter. Ganz plötzlich hatte er Weihnachtsurlaub bekommen, und zwar weil ein Kamerad, der dafür vorgesehen war, nicht reisen wollte. Da alles so schnell geschah und in letzter Minute, blieb seine Mutter unbenachrichtigt.

Er passierte die Militärkontrolle, zeigte den Urlaubsschein, der ihm sieben Tage Erholung, Freude und nicht zuletzt Liebe versprach, ging durch die Bahnhofshalle, wobei die Nagelschuhe auf den blanken Fliesen klapperten. Ihn dünkte der helle, lebhafte Klapperklang wie Musik. Draußen hielt er, atmete tief, erkannte das heimatlich vertraute Stadtbild, jetzt unter nebelgrauem Winterhimmel, schmunzelte, und überquerte kurz entschlossen die Straße.

Ja, er würde „auf Schusters Rappen" nach Hause traben und nicht mit der Straßenbahn fahren. Der Wunsch, möglichst rasch und von keinem Menschen belästigt, die Niederstadt zu erreichen, ließ ihn die Langgasse meiden und die weniger belebte Strecke Elisabeth- und Dominikswall benutzen. Er streifte das Hohe Tor, bog um den wuchtigen Stockturm zur Reitbahn, dann in die Hundegasse. Er beschleunigte seine Schritte. Dort das Kuhtor ... die Kuhbrücke, darunter das schiefergraue Kräuselband der Mottlau – Münchengasse – Mattenbudener Brücke. Sein Herz klopfte in der Kehle.

Drüben, das kleine Schaufenster! Heftig atmend machte er halt, starrte durch die Scheibe. Mutter, seit Monaten Witwe, trug einen schwarzen Ladenmantel. Sie bediente mehrere Kunden, denn sie mußte ja jetzt das Geschäft alleine führen. Du wirst staunen, dachte er. Er betrat den Laden. Als sie ihn sah, erschrak sie. Eine Zuckertüte, noch offen, entglitt ihren Händen und verstreute die blasse, körnige Fülle auf den Tontisch. „Sohnchen!" sagte die Mutter; sie sagte es sehr leise. Sie huschte hinter die rotbraune, dickbauchige Kaffeebüchse. Hier, wo niemand kiebitzen konnte, bekam der schreibfaule Urlauber seinen Begrüßungskuß. Er mußte sich dazu bücken.

Die Mutter lächelte. Er möge in die Wohnung gehen, sagte sie, sich waschen, die Wäsche wechseln. Eva, das Dienstmädchen, werde dann schnell einen Imbiß bereiten. Sie könne ja jetzt nicht weg, aber später, am Abend, würden sie das Wiedersehen richtig feiern. Inzwischen soll er es sich bequem machen.

In den mollig warmen Zimmern war alles unverändert, liebvertraut. Er begrüßte seine „Freunde", die Bücher, betrachtete seine Münzen- und Briefmarkensammlungen, öffnete die Türe zum Kleiderschrank, betrachtete seine ordentlich gereihten, sauber gebürsteten Anzüge. Am meisten aber erfreute ihn der Christbaum, der geschmückt mit Lametta, Wattetupfern, Schaumkugeln und wenigen Kerzen im Wohnzimmer stand.

Es roch nach frischem Tannengrün, nach würzigen Pfefferkuchen. Mutter dachte an alles. Es war Heiligabend. Es war eigentlich so wie früher, wie sie Weihnachten gefeiert hatten, als der Vater noch lebte und er noch nicht Soldat war, als Frieden war. Wenn Mutter nicht wäre ...

Er fühlte sich geborgen. Seine Augen schweiften zum Fenster, blieben haften, traumverloren. Schneeflocken, weich und zart, tanzten hernieder, ein wirbelnder Winterreigen über Danzig. Er rückte näher, tippte die Kuppe des Zeigefingers an eine der grau beschlagenen Scheiben und malte mit weit geschwungenen Buchstaben das Zauberwort: Daheim!

Dann saß er auf der Couch und sann. Gegen Abend würden Schwester und Schwager kommen, die einzigen Gäste. Man würde die Kerzen entzünden, wie früher auch, in den gelben Flackerschein blicken und Weihnachten feiern, 1943, die fünfte Kriegsweihnacht. Doch keiner würde singen und sich so recht von Herzen freuen können wie früher. Jeder würde nur bitten, heimlich bitten, daß der Krieg bald ein Ende nähme und im nächsten Jahr, zu Weihnachten, Friede sei, Friede auf Erden.

Sein Kinn berührte die Brust, er schlummerte. So fand ihn die Mutter, als sie am Abend vom Geschäft in die Wohnung kam. Schön, daß er da ist, dachte sie, und ihre Augen schimmerten feucht.

Weihnachtsstimmung
im Danziger Werder

Max Halbe

Weihnachten kommt. Reif und Frost kommen mit. Drüben im „Irrgarten" stehen die Birken, Erlen und Haselnußsträucher in blitzenden Mänteln von Reif. Reif liegt auf der Dorfstraße, überzuckert die Klüten und Klumpen, die sich der Frost aus dem Morast zusammengeballt hat: Ein Bildhauer des Primitiven, der frei nach der Natur arbeitet. Reif bedeckt die Dächer der Häuser und Katen jenseits der Mottlau. Eine blutige Riesenmelone, von Nebelschwaden gesprenkelt, will hinter den „blauen Bergen" versinken. Der Tag ist der kürzeste im Jahr. Die Dämmerung bleicht.

Was wird der heutige Abend bringen, der Weihnachtsabend? Was wird er mir über zehn Jahre bringen? Ich habe die „Großen" oft vom „Leben" sprechen hören. Was ist das, das Leben? Die waren doch auch mal so wie ich. Jetzt sind sie alt! Wie das sein mag, wenn man alt ist? Irgend etwas in mir tut auf einmal weh, so als müßte ich zerspringen! Irgend etwas sehnt sich, ich weiß nicht, wonach!

Vom Hausflur kommen plötzlich Stimmen, es schwimmen Töne, Gesang . . . Die Dorfkinder mit ihren Weihnachtsliedern sind da, wie alle Jahre an diesem Tag und um diese Stunde, wenn die Sonne herunter ist . . . Heiliger Abend! Noch zwei bis drei Stunden und die Kerzen am Weihnachtsbaum brennen . . . und dann . . . Dann ist auch das wieder vorbei! Im Hausflur klingt noch immer von hellen Kinderstimmen ein altes Lied. Es ist, als müßte mir das Herz brechen. Aber zwei, drei Stunden später, unter dem Lichterbaum, ist der frühzeitige Weltschmerz vergessen (verschwunden ja nicht), das Marzipanherz ganz oben auf dem Teller schmeckt großartig! Ich habe ja selbst dabei mitgeholfen . . .

Wieder eine Woche. Silvesterabend, der zur Rüste geht. Wenn diese gelbe bleiche Wintersonne hinunter ist, wird sie das alte Jahr nie mehr wiedersehen. Das zieht heute um Mitternacht fort in die Ewigkeit. (Was das wohl sein mag, Ewigkeit?) Dann kommt eine neue Zahl. Fernher, vom Ende des Dorfes schallt Peitschenknallen. Es ist nicht ein einzelner, der da knallt. Ganze Salven sinds; wie auf Kommando knattern sie daher, in regelmäßigen Absätzen. Das sind die Knechte von allen Höfen, die das alte Jahr „ausknallen".

Und schon treten andere auf dem Beischlag von unserem Haus mit dem „Brummtopf" an: Ein irdener Topf, Pferdehaare als Saiten darüber gespannt. Wenn man sie zupft, so gibt es dumpfe, murrende, brummende Baßtöne. Sie gehen einem durch Mark und Bein, als stampfte eine Horde von Urzeitmenschen im Takt herum. Rauhe Kehlen singen eine uralte Weise zur Brummtopf-Begleitung. „Wir bringen dem Herrn einen schön gedeckten Tisch; an allen vier Ecken einen gebratenen Fisch. – Wir bringen der Frau eine goldene Kron'; übers Jahr, übers Jahr einen jungen Sohn . . ." Rumpedibumm! Rumpedibumm! Im dumpfen Brummtopftakt stampft die dörfliche Schar, nachdem sie ihren Sold eingeheimst, zum Nachbarhof, wo sich das Spiel wiederholt. Rumpedibumm! Rumpedibumm! „Wir bringen dem jungen Herrn ein schön gesatteltes Pferd; eine reiche Braut und ein krummes Schwert . . ." Rumpedibumm! Rumpedibumm! Dann zieht allmählich Stille ein.

Peitschenknallen und Brummtopfmusik ziehen mir noch heute als alter Heimatklang durch den Sinn, wenn wieder einmal ein Jahresring sich schließt und die Silvestersonne zur Rüste geht.

Max Halbe, geboren am 4. Oktober 1865 auf dem väterlichen Gut in Güttland im Danziger Werder, gestorben am 30. November 1944 auf dem Gut Neuötting (Oberbayern), ist als wohl bekanntester Danziger Schriftsteller und Dramatiker in die deutsche Literaturgeschichte eingegangen. Der vorliegende Beitrag behandelt die Jugendzeit in seinem autobiographischen Roman „Scholle und Schicksal" (1933).

Weihnacht in der Fremde

Wolfgang Federau

Grüne Zweige, ein paar Kerzen,
Engelshaar und Flitterpracht.
Unsre Seelen, unsre Herzen
Lauschen in die Nacht.
Ferne Glocken dröhnen leise.
Durch die Stille blüht
Eine alte, zarte Weise,
Weihnachtliches Lied.

Vieles wurde uns genommen,
Was wir unser froh genannt.
Wird es wohl je wiederkommen,
Wie wir's einst gekannt?
Ach, nur im Erinnern leben
Hügel, Wald und Strom,
Sehn wir himmelwärts sich heben
Uns'rer Heimat Dom.

Wie die Nadel des Magneten
Ewig nordwärts weist,
Strebt zum Licht aus bangen Nöten
Immer unser Geist.
Daß auf schmerzdurchpflügter Erde,
Wenn der Sturm verweht,
Uns doch wieder Heimat werde,
Dies sei uns' Gebet.

Grüne Zweige, ein paar Kerzen ...
Arm, der Heimat fern.
Aber tief in unsern Herzen
Glüht der Hoffnung Stern.
Ja, wir glauben an die Liebe,
Die kein Sturm verweht,
Die seit ewig war und – bliebe,
Wenn die Welt vergeht!

Der „Brummtopf"

Ulrich B. Marker

Zu den Alt-Danziger Sitten und Gebräuchen rund um die Weihnachtszeit gehörte auch der „Brummtopf". Was in den Wochen vor dem Fest die kleinen Krippensinger waren, das waren zwischen Weihnachten und Neujahr die Brummtopfsänger. Das waren allerdings schon größere Kinder oder gar Jugendliche, und sie standen auch nicht auf den Straßen der Stadt, sondern zogen in den Abendstunden von Haus zu Haus und in den Mietshäusern von Stockwerk zu Stockwerk, klingelten die Bewohner heraus und erhofften für ihre „Darbietungen" klingende Münze, Süßigkeiten, und die älteren Burschen auch mal einen Machandel-Schnaps.

Zu einer Brummtopf-Gruppe gehörten drei bis fünf Mann. Ihre Gesichter waren meist mit Ruß beschmiert: Manche trugen auch Masken oder hatten angeklebte Bärte. Abenteuerlich war auch ihre Kleidung: Sie hatten bunte Halstücher um, trugen alte, lange Mäntel oder Phantasiekostüme, die an Cowboys und Indianer erinnerten, und auf den Köpfen große Filzhüte, Strohhelme oder komische Mützen. Sie sahen oft so furchterregend aus, daß kleinere Kinder sich ängstlich hinter den Eltern versteckten, wenn die Brummtopfsänger vor der Türe standen.

Nicht minder abenteuerlich waren auch die „Instrumente". Der Brummtopf bestand aus einem „Tonnchen" (kleines Fäßchen); dem ein Boden herausgeschlagen und die Öffnung an seiner Stelle mit Leder überspannt war. In der ursprünglichen Form war in das Leder ein Loch gebohrt, durch das ein starkes Bündel langer Pferdeschwanzhaare gezogen und nach innen verknotet war. Weil das melkende Ziehen an den Roßhaaren aber nur dann das erwünschte Brummen hervorruft, wenn Hände und Pferdehaar naß sind, mußten die Spieler ständig Wasser bereithalten, was natürlich umständlich und bei Kälte und Frost sogar schwierig war.

Deshalb war jene Art von Brummtopf gebräuchlicher, bei der in dem Leder ein eiserner Ring befestigt war, durch den lose eine Stahlkette oder Fahrradkette lief. Immer hielt einer der Jungen das Tönnchen zwischen seinen Knien fest, während ein anderer in rhythmischem Takt an den Roßhaaren zog oder aber mit beiden Händen die Kette hin und her zog, was übrigens ein noch lauteres, rasselndes Brummgeräusch erzeugte. Seltener wurde die Art von Brummtopf verwendet, die der Danziger Schriftsteller Max Halbe in seiner Autobiographie beschrieb: „Ein irdener Topf mit Pferdehaaren als Saiten darübergespannt, die, wenn man sie zupft, dumpfe, brummende Baßtöne geben."

Manche Brummtopfsänger verwendeten zusätzlich noch ein anderes „Instrument", die sogenannte „Teufelsgeige": Eine lange Latte war mit Drähten als Saiten bespannt, die über eine Blechschachtel liefen und die mit einem Knüppel „gefiedelt" wurden. Am oberen Ende der Latte war ein Querholz, auf dem Blechdeckel so angebracht waren, daß sie beim rhythmischen Aufstampfen der Teufelsgeige aneinanderschlugen. Das Ganze machte natürlich einen Heidenlärm.

Dreimal wurde die Kette durch den Brummtopf gezogen und die Teufelsgeige aufgestoßen. Schlagartig setzte dann der Gesang ein, der zwar meist nicht schön melodisch, dafür aber um so lauter war. Der Text des dabei meistgesungenen Liedes, das aus einer sehr alten Überlieferung stammte und offensichtlich bäuerlich-ländlichen Ursprungs war, bestand, mit einigen Abwandlungen, aus einer Aneinanderreihung von neckischen Wünschen für das neue Jahr:

„Wir, wir, wir – wir Brummer wir sind hier!
Wir treten ein ohn' allen Spott,
ein'n guten Abend, den geb' euch Gott!

Wir wünschen dem Herrn ein'n gedeckten Tisch,
an allen vier Ecken ein'n gebratenen Fisch,

in der Mitt' ein'n Römer mit Wein,
damit der Herr kann fröhlich sein!

Wir wünschen der Madam eine goldene Kron'
und übers Jahr einen gesunden Sohn.

Wir wünschen dem Sohn ein gesattelt Pferd,
'ne reiche Braut und ein schönes Schwert.
Wir wünschen dem Fräulein ein'n goldenen Kamm
Und übers Jahr einen guten Mann."

Zum Abschluß hieß es dann meist:

„Geben sie uns nur 'n Dittchen,
bleiben wir hier sitzen,
geben sie uns ein Stückchen Speck,
gehn wir mit dem Brummtopf weg!"

Dieses Lied, und auch noch manches andere als Zugabe,
wurde entweder hochdeutsch gesungen oder in „Mis-
singsch", der Umgangssprache der „Kleinen Leute", auf
dem Lande aber im Danziger Platt.

„Der Brummtopf ist da!" Dieser Freudenruf, der nach
Weihnachten groß und klein in Erwartung dieses schaurig-
schönen Spektakels an die Haustüren lockte, konnte allerdings auch zu einem Schreckensruf werden, wenn nämlich
an einem einzigen Abend zwei, oder sogar drei und vier
Brummtopf-Gruppen erschienen!

Der Brummtopf

Die Brummtopf-Geschichte

Werner Penner

Winter im Danziger Werder; die Flüsse, Laken, Gräben und Teiche zugefroren. Die Höfe und Häuser des kleinen Dorfes lagen verstreut, einsam und verträumt in der flachen Landschaft. Kaum ein Mensch war zu sehen. Im Elternhaus waren die Vorbereitungen für das Weihnachtsfest in vollem Gange und trotz der begreiflichen Vorfreude und Spannung fühlten sich die Brüder Walter und Werner, fünfeinhalb und acht Jahre alt, hier jetzt höchst überflüssig. So war es fast selbstverständlich, daß sie in dem molligwarmen Wohnzimmer der Großeltern auf dem Altenteil Unterschlupf suchten.

Der Großvater war immer voller Ideen und erzählte Geschichten aus seiner Jugend, von Dingen und Zeiten, die längst vergangen. Eine mußte er aber immer wieder erzählen: die Geschichte mit dem Brummtopfsingen. Er mußte es selbst viele Jahre mitgemacht haben. Zwar hatten sie im letzten Winter auch schon mal einige Brummtopfsänger auf dem Hof gehabt, aber da hatten die beiden nur einmal zaghaft um die Ecke gelugt, in furchterregende Gespenstergesichter gesehen und dann Reißaus genommen. So jedoch, wie es der Großvater erzählte, war das ja gar nicht so gruselig. Bald ließ die Brüder der Gedanke an den Brummtopf nicht mehr los, und sobald sie sich unbeobachtet fühlten, entwischten sie auf den Boden, durchstöberten alte Truhen und Spinde und krochen sogar auf dem Oberboden des Altenteilgebäudes herum. Eines Nachmittags wurde das Suchen endlich belohnt, als Walter die Hand aus einem Verschlag hinter der Getreideschüttung hervorzog, in dem obenauf Reste und Teile von alten Pferdegeschirren lagen. Das geisterhafte Scheppern, das da von unten ans Ohr drang, klang höchst abenteuerlich, und vorsichtig wurde der Fund freigelegt. Das war er, der in vielen großväterlichen Geschichten besungene und wohl auch bedichtete Brummtopf!

Die Töne aber, die er beim Hin- und Herrütteln von sich gab, waren nicht sehr verlockend und hatten mit dem Brummen eines Bären so viel gemeinsam, wie das Schimpfen eines Knechtes mit dem Wohlklang von Engelsstimmen. Aber unverwechselbar war dies der gesuchte Brummtopf, da in den einen Boden HEINRICH STOBBE, TIEGENHOF eingebrannt war, der andere Boden aber fehlte und das Tonnchen da mit einer Lederkappe bezogen war. Quer darüber lief ein reichlich verrosteter Draht, auf den Blechknöpfe und Metallstücke jeglicher Form und Größe gezogen waren, von denen das unheimliche Geschepper kam, vor dem sie zunächst zurückgeschreckt waren.

In der Mitte der Lederverkleidung ragte ein starker Ring heraus, der wohl früher die Nase eines strammen Bullen geziert hatte. Als Werner ihn anfaßte, um ihn wieder ein bißchen blank zu reiben, zuckte er zusammen, denn der war kalt wie Eis. Da kam den Brüdern zum Bewußtsein, daß sie, angezogen für das warme Haus, auf dem eiskalten Dachboden saßen und vor Kälte schlotterten. Schnell liefen sie zurück in ihre Stube, versteckten den Schatz vor unverhofft auftauchenden neugierigen Blicken der Erwachsenen und begannen sofort Pläne zu schmieden. Das schier unlösbare Rätsel aber war: Wie wurde denn dieser Apparat überhaupt betätigt, wie konnte er zum Brunnen gebracht werden?

Zuerst wurde der Knecht befragt. Aber der wußte nur, daß das Brummen beim Brummtopf von den Pferdehaaren käme, die mit Wasser begossen und dann kräftig durch die Finger gezogen werden müßten. Walter und Werner glaubten, daß ihnen der Knecht nur einen fetten „Brummbären" aufgebunden hatte, denn von Pferdehaaren war an ihrem ganzen schönen Brummtopf vom Dachboden rundherum nichts zu sehen, und es gab da auch sichtlich keine Möglichkeit, sie daran zu befestigen. Was tun? Sie behämmerten, beklopften und streichelten das kleine runde Biertonnchen, aber was es nicht tat, war das Brummen, das ja nun wohl die Seele vom Ganzen sein sollte. Den Großvater

mochten sie aber nicht fragen, denn er hätte ihnen vielleicht gleich den Brummtopf fortgenommen und das ganze
Abenteuer wäre schnell vorbei gewesen.

Weihnachten kam in diesem Jahr viel zu schnell heran,
und die beiden waren diesmal sicher sehr undankbare Kinder, weil sie mehr an den Brummtopf als an den Tannenbaum dachten. Schließlich aber brachte ihnen das Fest
doch des Rätsels Lösung! Walter hatte nämlich einen kleinen Wagen geschenkt bekommen, an dem zwei Pferde mit
kleinen Kettchen befestigt waren. Diese Kettchen brach-
ten sie auf den Gedanken, ihrem Brummtopf einmal ver-
suchsweise eine Kette durch den „Nasenring" zu ziehen.
Woher aber nehmen? Ganz einfach, auf einem Bauernhof
gibt es alle möglichen Ersatzteile, und was nicht als Ersatz-
teil vorhanden ist, wird an anderer Stelle abmontiert, wo es
zur Zeit nicht gebraucht wird. So geschah's, und im hin-
tersten Strohfach der Scheune wurde ein erster Brummver-
such gestartet. Er wurde aber schnell aufgegeben, denn es
waren grauselige Töne, die der Brummtopf beim Hin- und
Herziehen einer Kuhkette von sich gab. Aber der nächste
Versuch mit der Kette von Mutters Fahrrad, das bei der
Kälte doch nicht verwendet wurde, brachte schließlich die
Lösung.

Dann wurden schnell ein paar Aktendeckel aus Vaters
Schreibtisch hervorgesucht, Mund und Augen und ein
Loch für die Pappnase hineingeschnitten. Walter ging mit
seinem kleinen Tuschkasten daran, den „Larven" rote
Backen anzumalen, während Werner die Pappnasen ein-
baute. Diese Produkte waren natürlich nicht mit den Masken zu vergleichen, die es in der Kreisstadt Tiegenhof zu
kaufen gab, aber originell waren sie bestimmt. Dann wurde die Ausrüstung hinter dem Bettzeug versteckt, das in
dem hinteren Bodenzimmer aufbewahrt wurde und für
übernachtende Gäste bestimmt war.

Dann war es soweit: Der letzte Tag des Jahres war eigentlich noch gar nicht recht angebrochen, als er sich auch
schon wieder dem Abend zuneigte. Das war für die beiden
die große Stunde, sollte doch die Brummtopf-Premiere

dem Nachbarn Heinrich Wall gelten, dessen Kinder in ihrem Alter waren. Wie Diebe schlichen sie aus dem Haus, und durch die Hintertüre waren sie bald hinter einigen Bäumen verschwunden. Gleich hinter dem am Gartenrand stehenden Backhaus kam man schnell auf den schmalen Fußweg, der zu dem einige Hundert Meter abgelegenen nachbarlichen Gehöft führte. In der Wohnstube des Hauses war die ganze Familie Wall am warmen Ofen versammelt, wie man durch die Fenster sah.

Langsam fielen große Flocken auf die hartgefrorene Erde. Die Brüder waren gerade dabei, sich kurz vor dem Gehöft die Masken aufzusetzen, als Walter plötzlich mit ängstlichen Augen durch die großen Schlitze der Larve zu Werner herübersah und mit stotternder Stimme fragte: „Was singen wir denn eigentlich? Beim Brummtopf werden doch so wilde Lieder gesungen." Der Bruder machte ebenfalls hinter seiner Maske ein ratloses Gesicht. „Singen? Wieso?" sagte er. „Was singt ihr denn in der Schule? Du hast mir doch schon einige Lieder vorgesungen."

Minuten später schritten sie mit mutgeschwellter Brust, aber doch mit zitternden Knien über den hartgefrorenen Klutenweg dem nachbarlichen Haus entgegen. An einem starken Band, über die rechte Schulter gezogen, trug einer unter dem linken Arm den Brummtopf, während der andere bereits Mutters Fahrradkette, durch den „Nasenring" gezogen, startklar in den Händen hielt. Als plötzlich der große Hofhund anschlug und ihnen dabei fast der ganze Mut irgendwohin abwärts rutschte, drückte der Kleinere mit der ganzen Kraft und Schwere seines fünfjährigen Körpers gegen die Türfassung neben der Treppe. Walter begann langsam die Kette hin und her durch den Ring am Brummtopf zu ziehen. Der ganze Türrahmen begann zu zittern, und wie zehn wilde Bären brummte das Tonnchen das schönste Brummtopfgeräusch, das man je gehört hatte.

Aus den jungen Kehlen aber erscholl an diesem Silvesterabend das seltsamste Brummtopflied, das jemals im Danziger Land erklungen ist: „Alle Vögel sind schon da, alle Vögel alle..."

Im Olivaer Wald

Lothar Wegner

Bist du schon einmal durch den Wald gegangen
Voll Silberschein und blauem Schattenduft,
Wenn leis und fern die Danz'ger Glocken klangen,
Wenn hoch am Himmel alle Sterne sangen
In der kristallen köstlich reinen Luft?

Ich tat's einmal. Ein flügelleichtes Raunen
Zog in der Christnacht durch das stille Bild,
Und ich erlebte mit erschrocknem Staunen,
Wie jeder Baum, umhüllt von Silberdaunen,
Das Märchen seiner Schöpfung mir enthüllt.

Da fühlte ich, daß alles, was auf Erden
Du je an Menschenwerk bewundert hast –
In dieser Nacht der Hirten bei den Herden,
In dieser Nacht von uns'res Heilands Werden –
Vor einer Tanne weißer Pracht erblaßt.

Und was dich sonst so ich-bewußt gemacht,
Erhaben über Grenzen, Räume, Zeiten,
Sinkt von dir ab in dieser heil'gen Nacht.
Du beugst dich wieder unter Gottes Macht
Und bist gewillt, die Seele hinzubreiten.

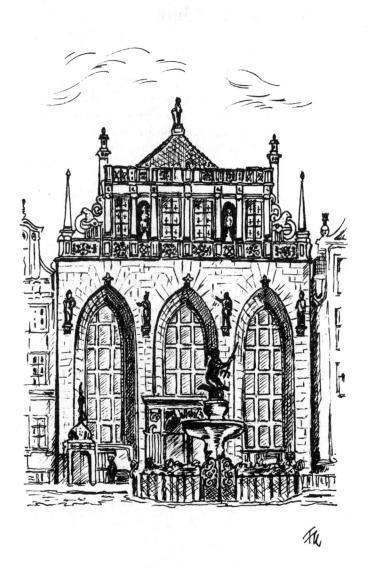

Artushof mit Neptunsbrunnen

Nächtliche Vision

Werner H. Gapert

Es ist eine merkwürdige, wundersame Zeit, die Zeit um Weihnachten und Neujahr, die im alten Volksglauben die Zeit der heiligen Nächte genannt wird. In diesen Nächten legt sich das alte Jahr zur Ruhe, und das neue kündigt sich an. Es heißt, daß in diesen Nächten voll geheimen Zaubers die toten Dinge Leben gewinnen und auch den Tieren die Zunge gelöst wird, so daß sie miteinander sprechen können. Wer den Gesprächen der Tiere zu lauschen vermag, der wird so manches Wissenswerte von ihnen erfahren, Gutes und Böses, denn in diesen seltsamen Nächten ist ihnen die Kraft der Weissagung gegeben. – Die Wunder, die in dieser Zeit geschehen, offenbaren sich freilich nicht jedem. Den meisten Menschen sind diese heiligen Nächte eben Winternächte, wie andere auch. Aber den Stillen im Lande, den Besinnlichen und Tagträumern, in deren Herzen das Märchen lebendig blieb, denen wird das Geheimnis dieser Zaubernächte kund.

Zu ihnen gehörte Henning, der Dichter aus Danzigs Krausebohnengasse, der eines Abends wieder wie gewöhnlich aus der Stadt gegangen war. Die Unruhe hatte ihn in die Weite getrieben. Er hielt es einfach nicht aus in seiner engen Stube. Seine Gedanken stießen sich an den Wänden seiner bescheidenen Behausung. Sie brauchten Raum und Weite. Er mußte das Rauschen der Föhren und den Wellenschlag des Meeres hören, und der Wind mußte ihm um die Ohren sausen.

Es war kurz vor Mitternacht, als Henning, müde von der langen Wanderung nach Westlich Neufähr, in die Stadt zurückkehrte. Nur wenige Menschen waren zu dieser Stunde noch unterwegs. Ein kalter Wind fegte durch die alten Gassen. Henning schlug den Mantelkragen hoch und vergrub die Hände in den Taschen. Ihn fror und er schritt kräftig aus, um sich warmzumachen. Er ging durch Langgarten, überquerte die Milchkannenbrücke und kam an dem Turm vorbei in die wie ausgestorbene Milchkannengasse. Er wunderte sich wohl etwas darüber, aber er sagte sich, daß die Menschen wohl kein Vergnügen daran fänden, zu nächtlicher, winterlicher Stunde in den Gassen herumzuspazieren. Als er über die Grüne Brücke zum Langen Markt gelangte, begannen die Glocken des Rechtstädtischen Rathauses einen frommen Choral zu spielen.

Der Mond kam hinter einer dunklen Wolke hervor und übergoß den Langen Markt mit seinen reichverzierten Giebelhäuschen mit einem wunderbaren, bläulichen Lichte. Dem einsamen Wanderer erschien alles so seltsam unwirklich. Die alte, vertraute Stadt kam ihm plötzlich wie verzaubert vor. Henning schritt wie im Traume und spürte die Kälte nicht mehr. Vor dem Artushofe überkam ihn dann eine seltsame Müdigkeit. Zögernd setzte er sich in einen Winkel vor dem Ratskeller, um sich ein wenig auszuruhen. Der Choral des Glockenspieles klang aus, und hallend schlug es von den Türmen Mitternacht.

Wie lange Henning in seinem Winkel gesessen hatte, wußte er nicht. Ein scharrendes Geräusch schreckte ihn jäh empor. Verwundert rieb er sich die Augen. Was war das? – Das war doch nicht möglich! – Er glaubte zu träumen, aber es war zu seltsam, was er da sah. Die beiden steinernen Löwen, welche die Freitreppe des Artushofes flankierten, hatten nämlich ihre Wappenschilder zur Seite gelegt und reckten sich gähnend.

„Uuuaah, – das tut gut", sagte der eine, „endlich kann man die alten Glieder wieder mal so richtig strecken. Regelrecht steif wird man vom ewigen Wachestehen."

„Hast recht, Bruder", erwiderte der andere Löwe mürrisch, „dieser eintönige Dienst hängt einem, mit Verlaub zu sagen, zum Halse heraus. Da steht man nun bereits an die fünfhundert Jahre an einem und demselben Fleck an dieser Treppe und hält sein Schild in den Pfoten, – und wofür? Für nichts und wieder nichts!"

„Dafür gehören wir aber zu den Sehenswürdigkeiten unserer Stadt, mein Lieber, und das verpflichtet, tjawollja", gab der erste zurück und fuhr sich mit der Pfote über seine

Mähne. „Wir sind gewissermaßen sozusagen eine Zierde, eine Ehrenwache, oder was du willst."

Der andere Löwe aber peitschte ärgerlich die Luft mit seinem Schweife. „Geschwätz, Bruder", grollte er, „wir hocken da herum, sommers wie winters, in Sonne und Regen, in Schnee und in Frost und erhalten dabei nicht einen Gulden Sold für unseren aufreibenden und verantwortungsvollen Dienst. Für alle anderen Firlefanzereien hat der hochwohllöbliche Rat Geld übrig, aber an uns alte Veteranen denkt natürlich niemand. Wir sind zwei rechtschaffene Danziger Wappenlöwen und keine Zierpuppen. Wir wollen genau so wie die Scharwache besoldet werden, oder wir fallen einfach um und verweigern den Dienst, basta! Was sagst du dazu Bruder?"

„Eure Sorgen möchte ich haben", dröhnte eine tiefe Stimme vom Neptunsbrunnen herüber. „Kaum seid ihr für eine Stunde erwacht, müßt ihr schon mit Lohnforderungen kommen!"

Es war Neptun, der so sprach und sich gemütlich auf den Brunnenrand setzte. Seinen Dreizack hatte er an das schmiedeeiserne Gitter gelehnt, das den Brunnen umgab. Das Seeungeheuer, auf dem er sonst zu stehen pflegte, schmiegte sich wie ein Hündchen an ihn.

„Man soll die Stunde wahrnehmen, Vater Neptun", knurrte einer der beiden Löwen unzufrieden. „Ihr seid auch viel besser gestellt als wir. Das merkt man sofort, wenn man euch nur anschaut. Gesund und frisch seht ihr aus, als kämt ihr geradeswegs aus Meister Leporellos Werkstatt!"

„Danke für das Kompliment", lächelte Neptun geschmeichelt, „wenn die Patina auf meinem Buckel nicht wäre, so mögt ihr wohl recht haben. Aber so? Man wird eben alt mit der Zeit."

„Nun, die paar Jahrhunderte habt ihr aber augenscheinlich bisher gut überstanden – und was die Patina anbetrifft, so seht ihr damit nur noch würdevoller aus, wie es sich für einen Meeresgott eben gehört", meinte der Löwe.

Auf dem Giebel zum Eingang des Ratskellers lachte jemand herzlich. Henning lugte vorsichtig nach oben und bemerkte mit Entsetzen, daß der bronzene Götterbote Merkur ebenfalls erwacht war und sich anschickte, von seinem Giebel herabzusteigen. Als er endlich unten war, setzte er sich auf die Stufen des Artushofes und massierte, noch immer lachend, die Fußgelenke, an denen er seine charakteristischen Taubenflügel befestigt hatte.

„Nanu, weshalb lacht ihr denn so sehr, Meister Merkur, macht ihr euch etwa lustig über mich, oder was ist los?" Neptun schaute den lachenden Götterboten mißtrauisch an.

„Beruhigt euch, lieber Herr Neptun, ich lachte beileibe nicht über euch, sondern nur über euer reizendes Schoßhündchen, das an eurer Seite so fürchterlich die Augen verdreht", sagte Merkur.

„Kein Wunder bei der Behandlung, die man sich die ganze Zeit über gefallen lassen muß", krächzte das Seeungeheuer empört. „Da trampelt man mir an die fünfhundert Jahre auf dem Bauche herum und bedroht mich fortwährend mit dem Dreizack. Dabei soll man wohl noch lachen, wie?"

„Aha, das geht offenbar auf mich!" rief Neptun entrüstet. „Immer wieder diese vermaledeite Unzufriedenheit! Die Wappenlöwen erheben Lohnforderungen und die Seeschlange beschwert sich über schlechte Behandlung. Mir scheint, das jetzige Jahrhundert hat euch Viechern mit seinen Schlagworten die Köpfe verdreht!"

„Seid friedlich, Leute", sagte Merkur begütigend, „mit Zank und Streit ändert ihr gar nichts. Wir alle stehen doch, jeder für sich, in einer festgefügten Ordnung, nach dem Plane des Künstlers, der uns erschuf..."

Bei diesen Worten dröhnte vom Rathausturme dumpf der Schlag der ersten Morgenstunde. Merkur erkletterte sofort wieder den Eingangsgiebel zum Ratskeller und Neptun stellte sich eilends auf seinen Platz inmitten des Brunnens. Auch die Tiere hatten sich auf ihre angestammten Plätze begeben. Die Vision zerrann wie Nebel an der Sonne. Öde und verlassen lag der Lange Markt da.

Henning schaute verwirrt umher und schüttelte ungläu-
big den Kopf. Hatte er denn nur geträumt? Er konnte sich
das alles nicht recht erklären, er meinte, doch alles deutlich
gesehen zu haben. Ein kalter Wind ließ ihn plötzlich bis ins
Mark erschauern. Da eilte er schnell von dannen.

Winterfreuden

Ulrich B. Marker

Weihnachten ohne Schnee war für die Bewohner Danzigs kaum vorstellbar. Oft waren schon Ende November Stadt und Land tief verschneit und die weiße Decke wurde dann bei mehr oder weniger strengem Frost immer wieder aufgefrischt und erneuert, nicht selten bis in den März hinein. Das war die Zeit der Winterfreuden, die von groß und klein so intensiv ausgekostet wurden wie im Sommer das Badevergnügen. Ganz besonders in den Tagen nach dem Fest herrschte überall lebhaftes Treiben, weil dann die neuen, speziell für diese Jahreszeit bestimmten Weihnachtsgeschenke in der Natur gleich ausprobiert werden mußten.

Während die ältere Generation bei Frost und Sonnenschein, gut vermummt, ausgedehnte Spaziergänge entlang der Meeresküste oder in den nahegelegenen, verschneiten Wäldern unternahm, reichten die Winterfreuden der Jüngeren vom Schlittschuhlauf und Schlittenfahren über Rodeln und Eissegeln bis zum fast schon professionellen Skisport – und das schon Anfang der Zwanzigerjahre unseres Jahrhunderts. Es wird angenommen, daß der Skisport, der damals ja noch in den primitivsten Anfängen steckte, von skandinavischen Studenten und süddeutschen Assistenten der Technischen Hochschule nach Danzig „eingeschleppt" wurde und hier sehr bald zahlreiche Anhänger fand.

Nicht nur während der Weihnachtsferien, sondern auch an den vielen sonnigen Sonntagen der Wintermonate waren die Straßenbahnen in Richtung Oliva überfüllt, in den Vorortzügen waren die Wagen IV. Klasse (mit der Aufschrift „Für Reisende mit Traglasten") vollgepackt mit Rodelschlitten und Skiern. Während der Fahrt konnte man aus den Fenstern zuweilen lange Rodelketten, von einem Pferd gezogen, schellenklingelnd durch die schneebedeckte Landschaft von Langfuhr, Oliva und Zoppot jagen sehen. Immer seltener wurden dagegen die kutschenartigen

Pferdeschlitten, die man mieten konnte und mit denen Familien, warm verpackt, in die weiße, glitzernde Pracht hinausfuhren. Sie blieben bis zuletzt nur noch auf dem Lande das bewährteste Verkehrsmittel der Winterzeit.

Hochbetrieb hatten in dieser Zeit auch die Cafés und Gaststätten in der Nähe der winterlichen Ausflugsziele der Danziger: Die Cafés in der Halben Allee und in der Sporthalle, Café Zinglershöhe und Café Jäschkental in Langfuhr; bei Oliva die Gaststätten Strauchmühle, Schwabental und Freudental, wo die Ski-Clubs ihre Hütte in der Nähe hatten. Den Zoppoter Lokalen bescherten die Winterfreuden einen willkommenen Ersatz für die Sommergäste. Aber auch in der weiteren, ländlichen Umgebung waren die Gaststätten oft überfüllt. Überall fanden heißer Kaffee oder Tee und die obligaten Grogs reißenden Absatz.

Den Rodlern, soweit sie sich nicht ihre eigenen „Abfahrten" in dem ausgedehnten hügeligen Umland suchten, standen vier große, gut angelegte Waldrodelbahnen zur Verfügung. Die längste, mit 800 Metern, war die am Wächterberg in Oliva. Die Bahn in Zoppot, in der Nähe von Schützenhaus und Waldoper, war 700 Meter lang. Die Danziger und die im Langfuhrer Jäschkental waren mit je rund 400 Metern die kleinsten.

Eine größere Auswahl hatten die Schlittschuhläufer, da viele Tennisplätze im Winter in Eislaufplätze umgewandelt wurden. Die bekanntesten waren die in der Delbrückallee, bei der Sporthalle in der Großen Allee und am Uphagenpark in Langfuhr, sowie in Zoppot in der Schefflerstraße. Im Stadion Kampfbahn Niederstadt gab es nicht nur eine Eisbahn, hier konnte auch Eishockey gespielt werden.

Diese Eislaufplätze hatten besonders für die Jugend eine geradezu magische Anziehungskraft. Den dicken Wollschal schick um den Hals geschlungen, die Hände in Fäustlingen verpackt und eine flotte Wollmütze auf dem Kopf, zogen sie Bogen, Kreise und Achten, die in wirrem Durcheinander die Eisfläche bedeckten. Dazu die Schallplattenmusik aus den Lautsprechern mit Schlager- und Operettenmelodien oder Walzerklängen, die so gut zu den

Schwüngen und Schleifen der Eisläufer paßten. Wenn es dunkel wurde, flammten die Bogenlampen auf – bei besonderen Eisplatzfesten auch bunte Lampions – und tauchten das widerspiegelnde Eis mit ihren Reflexen in eine weiße Zauberwelt. Das war dann die Zeit des Paarlaufens und der klopfenden Herzen.

Andere Schlittschuhläufer bevorzugten den Langlauf in der freien Natur und liefen auf der zugefrorenen Mottlau von Danzig an Ohra-Niederfeld vorbei bis nach Krampitz, wobei sich auch reichlich Gelegenheit zu Wettlaufproben bot. Besonderen Spaß machte es, in langer Schlangenreihe, geführt von einem Meisterläufer, der den Rhythmus angab, Hand in Hand dahinzuflitzen. Am Ziel erwärmte man sich im Kramskrug zünftig mit Grog oder Glühwein, bevor die Heimfahrt angetreten wurde. Die gleiche Strecke, oft aber noch über Krampitz hinaus, benutzten auch die Eissegler, die, auf Schlittschuhen stehend in eigenhändig angefertigte Segel hineingelehnt, mit beachtlicher Geschwindigkeit dahinfegten, was viel Mut und große Gewandtheit erforderte.

Den Skiläufern bot Danzig, eine Seehafenstadt im Flachland, erstaunlich viele und vielseitige Möglichkeiten, obwohl der Skisport sich erst im zweiten Viertel unseres Jahrhunderts allmählich zur beliebtesten Wintersportart entwickelte. Für Anfänger gab es am Danziger Hagelsberg oder Bischofsberg, in den Höhen von Langfuhr und zwischen Oliva und Zoppot Übungsgelände, wo der „Christiansen", der „Telemark" oder die „Spitzkehre" eifrig geprobt wurden. Im Treppenschritt sah man die Skiläufer die Abfahrtshänge hinaufstapfen, um dann mit dem „Stemmbogen" und „Schneepflug" wieder in die Täler zu fahren.

Bereits Ende der Zwanzigerjahre gab es auch drei kleinere Sprungschanzen, zwei im Henriettental und Freudental bei Oliva und eine weitere in Zoppot bei der Elisenhöhe. Anfang der Dreißigerjahre entstand schließlich bei Freudental eine Schanze mit einer Sprungweite von rund 30 Metern. Hier wurden durch die Skiclubs von Danzig und Zoppot beachtliche sportliche Wettbewerbe ausgetragen.

Landschaftsbedingt lag der Schwerpunkt des Danziger Skivergnügens allerdings beim Tourenlauf. Beliebt waren vor allem die Skiwanderungen durch das hügelige Olivaer Waldgelände über die Dreiherrenspitze nach Freudental und von dort aus weiter entweder über den sogenannten Pfaffengrund nach Goldkrug oder aber über Brentau zum Jäschkentalerwald in Langfuhr und dann sogar noch über Schidlitz bis an den Stadtrand von Danzig. Auf diesen Strecken fanden auch Leistungswettbewerbe statt.

„Aprés-Ski" kannte man damals natürlich noch nicht, aber die Skiläufer beschlossen ihre sportliche Betätigung – ebenso wie die Rodler, Schlittschuhläufer oder Winterwanderer – in einer der Gaststätten am Zielort, wo in meist fröhlicher Runde Gleichgesinnter die äußere Kälte durch innere Wärme mit Glühwein und Grog oder Machandel reichlich ausgeglichen wurde.

Der Rodelschlitten-Unfall

Fritz Jaenicke

Was heer ich da, meine Härren? Wem ham Se da inne Langgass' jetroffen, wie er beim Zahnarzt jegangen is? Mein Freind Adolf Schaweiter? Mit links de ganze  Backenzeehn rausjehaut und en Aug so blau wie ein Veilchen? Und was hat er Ihn' da äzeehlt, wo er das herhätt? Mit'n Rodelschlitten weer er väunglickt? Nu kick doch einer an dem ausjekochten Leidack! Ich hab ja immer schon jesaacht, an dem is en Dipplomat väloren jegangen! Das hat er mal wieder fein jedreht: „mit'n Rodelschlitten väunglickt"! Das heert sich natier-

nach E J.

lich ganz anderst an. Wie es fier son feinen Zrohr bässer passen tut. Also een Wintersportunfall! Vastehste! – Oberchen, Grochchen bitte!

Was meinen Se? Ob das dänn nich stimmt von wejen Rodelschlitten? I jewiß doch, das stimmt all. Bloß mit'n Rodelschlitten väunglicken und mit'n Rodelschlitten väunglicken is ebend manchmal zweierlei. Etwa wie das Wätter, was de Wätterprofeten profezeien tun und was dänn Petrus machen tut. Dirfen Se doch bloß an vorchten Sonntach dänken. Das war ja so wundervoll, beinah Sankt Moritz inklusiewe Heehensonne. Dabei war doch Rejen profezeit. – Woll ma erst mal Prost sagen: Prostchen!

Tja, ich war auch mit meine gute Ollsche bei dem Wätter draußen. Die tat das all not, daß se mal aufe Luft kam. War ja staunend großartich.

Ei und die vielen Schileifer und Rodler! Achso, ja, Rodler! Sehn Se, wie wä da inne volljeprämste Konditorei sitzen und Taßchen Kaffee trinken, hat uns von draußen

Adolf seine Jingste, de Agnäs, jesehn. Kemmt ganz dreiba-
stich rein mit ihren Rodelschlitten, und ob ich nich so
freindlich sein mecht, auf ihrem Rodelschlitten bißchen
aufpassen, se hätt noch mit paar Freindinnen bißchen was
vor, was weiß ich. Da meint meine Ollsche: „Aber jewiß
doch, Agnäschen, ställ ihm man hier hin am Fänster, wir
passen all auf! Dänn jeh man und amesiert eich.“
    Natierlich, was ich mir all hätt konnt vorher jesaacht
hahm, haut die Kreet ab und kemmt nich wieder. Wä
hucken und hucken. Ich wollt mich noch en Grochchen
beställen, man kann ja nich stundenlang vore leere Taß
Kaffee rumhucken. Aber meine Ollsche meint: „Ach was,
se muß doch jedes Mommangchen kommen!“ und zieht
sich all an. Aber wer nich kam, war Agnäs, das Kreet.
Schließlich mißd wä doch warraftich loszageln mit jen Rodelschlitten, ich mißd mir vorn inne Eläktrische mit ihm
stellen und obendrein fier ihm bezahlen. Tjawoll, Rodelschlitten kost’ auch! Na dänn: Prost!
    Nu zu Haus’ drei Tag die Oper: egal Krach von wejen
den Rodelschlitten. Der Milchmann klingert morjens,
meine Ollsche jeht im dustern Flur aufmachen, schon
zäkeilt se sich ihr Schienbein an jen Kreet von Rodelschlitten, wo da steht. Und so dies und jens und eins mit’s andere, kurzum, wie meine Ollsche vorjästern mit’s ganze Kaf-
feejeschirr ieber jen Dubbas hinjehauen is, macht se mich
da en Auftritt und schon mißd ich mir anziehn und dem
Rodelschlitten wächbringen. Tatsächlich muß ich alter
Mann wejen die schnoddernas’je Marjäll loszagln durche
Stadt wie sone Aff und das „gneedje Freilein“ dem Rodelschlitten bringen! Na ob ich inne Fahrt war!
    Inne Portscheesengass’, wer kemmt da an im Pälz mit
Gamaschen: Mein Freind Adolf Schaweiter. Wie son
Zrohr. Wird mir ja da noch anäppeln von wejen „Rodel-
heil“! Na, ich nu fuchtich ihm Bescheid jesaacht von wejen
sein Schussel von Tochter, die dammlije Marjäll, und denn
ihm dem Rodelschlitten jejeben. Da macht der Leidack mir
ja Menkenke: Ich kennt ihm doch nich zumuten, mit das
Dings jätz durche väschneite Stadt zu zageln.

Ich sag: „So, kick mal an! Du bist also son feiner Pinkel, daß du damit nich durche Stadt kannst zageln, aber ich oller Dussel bin ja gut jenuch dazu!"

„Mänsch, Franz", saacht er, „was ribbelst dir auf? Ich bin doch diräktemang aufen Weech nachen Volkstaach, da is doch heit ne historische Parlamäntssitzung. Da kann ich doch nich en Rodelschlitten mitnehmen, das wirde sich doch nich mit de Wirde des Hohen Hauses vätragen!"

„Na, na", sag ich, „päddel dir man nich aufen Schlips! Mit die Wirde des Hohen Hauses vätreecht sich noch ganz was anders! – Nimmst mich nu dem Schlitten ab oder nich?"

„Bloß en Mommangchen Franz", saacht das dreibastje Leidackkreet, „kannst dem Schlitten gleich wieder nehmen, ich will bloß man auf ihm raufersteijen und kicken, was da los is. Seh mal dem Auflauf, horch mal dem Klamauk, ich glaub da jibbt's was!"

„Ach belach dem Klamauk!" sag ich und vädinnesier mir wietend innen Hausflur rein, nehm de Tobbaksfeif aus de Tasch und werd se mich anstächen. Und das war mein Glick, dänn jätz jing draußen vleicht en Schport los! Machten da doch de Kommunisten da son Klamauk von wejen Parlamänt, was weiß ich. Ich hätt erst in meine Wut nich so aufjepaßt, aber jätz sah ich: eine Schedderei, meist sone halbstarke Bängels, dänn auch welche mit Schulmitzen und natierlich auch Frauen und Kinder. Da heer ich all: Sprächchor, Feifen, Brillen – und mitten mang wie son Turm: Adolf auf sein Rodelschlitten!

Und wie meine Feif ändlich ziehn tut, und ich aus de Haustier wieder raus will, da jibbt's en Mordsmarreiß: se belken, se johlen, se brillen, se schubbsen sich. Schon sind da Schupotschakos mang, schreien ‚Weiterjehn!', ‚Auseinanderjehn!', und mein Freind Adolf, das schucherne Kreet, wird ja ausjerächnet so väquer vorn in jen Rodelschlitten reintreten, daß er mit's Bein wie inne Ratzenfall is und nich wächkann und mit de Händ balangziert und rumajiert. Indem sind all paar Schupos da, und wie er nu in das Jejuch und Jeschädder stehn bleibt mit sein Rodelschlitten am Bein, da hat er miteins mit son Schupo-Knippel paar jeflammt jekricht an sein Kopp. Muin Gommas! Ich stand da wie bedahmelt in jen Hauseingang.

Wie ich ihm dänn mit knappe Not da aus den Aufstand raushätt mit das Mistkreet von Rodelschlitten und ihm in das Hausflur drin hätt, saacht er ieberhaupt nich mehr muff, huckt sich bloß aufe Träpp, spuckt Backenzeehn und bewischt sich de blut'je Nas'. Ich wollt ihm nu doch bißchen treesten und saacht: „Mänsch, Adolf, Kopp hoch, hier nimm en frisches Taschentuch! Frei dir doch, daß se diesmal bloß mit'n Gummiknippel jearbeit ham. Dänk mal, wänn se noch mechten wie einst im Mai ihm jätzt mit'n Sprängwagen jejeben hahm bei nein Grad im Schatten, dänn weerst jätzt Jefrierfleisch!"

Drauf sah er mir mit sein eines Aug' – sein anderes war all blau zujeschwollen – mitleidäre jend an und saacht nuscht weiter als „Hau bloß ab!" Was ich auch tat. Natierlich mitsamt dem Rodelschlitten, kreetschen. Der steht jätz immer noch bei uns im Holzstall. Tja, und nu, västehn Se, jeht der Adolf rum und saacht, er weer mit'n Rodelschlitten väunglickt. Ganz unrächt hat er schließlich nich. Ma kann es ja auch so ausdricken. Prost!

Winterferien in der Niederung

In den Winterferien, gleich nach Weihnachten, war Karlchen mit der Kleinbahn zu seiner Großmutter gefahren, die auf dem Lande in der Danziger Niederung lebte. Für ein Stadtkind waren es herrliche Tage in tiefverschneiter Natur, wo man stundenlang draußen herumtollen konnte und von der Oma verwöhnt wurde. Sie vergingen nur viel zu schnell, und als Karlchen die Heimreise antrat, gab ihm die Großmutter noch einen gut verschlossenen Karton als Reiseproviant mit. Sie hatte darin nicht nur ein paar deftige Stullen für den Hunger, sondern auch Äpfel und Süßigkeiten vom weihnachtlichen Bunten Teller eingepackt. Oma ermahnte den Jungen jedoch, den Karton nicht vor Gottswalde zu öffnen.

Aber kaum hatte sich der Zug nach Danzig in Bewegung gesetzt, bekam Karlchen Appetit, und neugierig knüpfte er die Verschnürung auf. Als er den Karton schließlich öffnete, liegt da obenauf ein Zettel, auf dem mit zittriger Schrift geschrieben steht: „Du Riepel, ist hier Gottswalde?"

Wie einst als Kind . . .

Es ist soweit! Die Glocken klingen
Hin durch die stille heil'ge Nacht.
Sie naht heran auf Engelsschwingen
Und Mond und Sterne halten Wacht.

Sie halten Wacht fern unserm Wege,
Dort, wo die teure Heimat liegt,
Wo still verträumte Waldgehege
Vom Meeresrauschen eingewiegt.

Die Vaterstadt in Weihnachtstagen!
Wie ist so traut für uns ihr Bild.
Wir haben's mit hinausgetragen,
Es hat das Herz uns ausgefüllt.

Wenn so die heil'ge Nacht gekommen,
Wenn Schnee die alten Häuser schmückt,
Wenn Weihnachtskerzen sind erglommen –
Wie hat uns das zutiefst beglückt.

So menschenleer die engen Gassen,
Nur hin und wieder noch ein Schritt,
Die Lange Brücke ganz verlassen,
Verstummt des Fährmanns Ruf: Mit, mit!

Und plötzlich dann aus weiter Ferne
Von Sankt Kath'rinen ein Choral. –
Am Himmel viele tausend Sterne.
Es weihnachtet mit einemmal!

Vom Himmel hoch – die alte Weise,
Sie wird geblasen einzig schön.
Wir lauschen stumm. Es schneit ganz leise –
Ach! Könnten wir nach Hause gehn!

Einmal das alles noch erleben,
Den süßen Zauber jener Zeit,
Verspür'n das wundersame Weben
Wie einst als Kind, so auch noch heut'!

Literaturhinweise

Joseph Freiherr von Eichendorff,
  „Sämtliche Werke des ...“
Wolfgang Federau,
  „Verwehte Spuren“
Max Halbe,
  „Scholle und Schicksal“
Fritz Jaenicke,
  „Stammtischgespräche des Rentiers Franz Poguttke“
Danziger Hauskalender
„Danziger Heimat“ (Kalender des Bundes der Danziger)
„Unser Danzig“ (Zeitschrift des Bundes der Danziger)

Der Verlag dankt allen Autoren, Rechtsinhabern und Verlagen für die freundlichen Erlaubnisse zum Abdruck der Beiträge. In den Fällen, wo die Inhaber der Rechte trotz aller Bemühungen nicht festzustellen oder erreichbar waren, verpflichtet sich der Verlag, rechtmäßige Ansprüche im üblichen Rahmen abzugelten.

Inhalt

Danzig im HUSUM-BUCH

Danzig
Ein Lesebuch

Die Stadt Danzig einst und jetzt in Sagen und Geschichten,
Erinnerungen und Berichten, Briefen und Gedichten
Herausgegeben und zusammengestellt
von Diethard H. Klein und Heike Rosbach
160 Seiten, broschiert

Danzig, die alte Hansestadt mit über 700jähriger wechselvoller
Geschichte, war – und ist – stets eine weltoffene Stadt. Das spürt
man auch in den Berichten, in den Erzählungen und Erinnerungen dieses „Lesebuches". Berühmte Danziger, Reisende, Chro-
nisten, Dichter stellen die Stadt, die Menschen und auch die
Umgebung Danzigs in einem bunten Panorama von Wissenswer-
tem und Unterhaltung vor. Da erinnert sich Johanna Schopenhauer an ihre ersten Schritte auf dem Tanzparkett, E. T. A. Hoff-
mann führt uns in den Artushof und Joseph von Eichendorff
fühlte sich „in Danzig" zu einem Gedicht inspiriert. Danzig – das
ist aber auch Symbol für gewaltige Zerstörung und neues Erstehen: die in Schutt und Asche gelegte Stadt wurde nach dem letzten Krieg in ihrem historischen Stadtkern nach den alten Vorbil-
dern, behutsam und wohlüberlegt, wieder aufgebaut.

HUSUM HUSUM DRUCK-
UND VERLAGSGESELLSCHAFT
Postfach 1480 · D-25804 Husum

Regionalia im HUSUM TASCHENBUCH

Anekdoten aus Baden-Württemberg · aus Bayern · aus Berlin · aus Brandenburg · aus Hamburg · aus Hessen · aus Mecklenburg-Vorpommern · aus Niedersachsen · aus Ostpreußen · aus Pommern · aus Sachsen · aus Schlesien · aus Schleswig-Holstein 1 · aus Schleswig-Holstein 2 · aus Thüringen · aus Westfalen · vom Militär – **Entdecken und erleben (Reiseführer):** Mecklenburg-Vorpommerns Kunst · Niedersachsens Kunst · Niedersachsens Literatur · Ostpreußens Literatur · Schleswig-Holsteins Geschichte · Schleswig-Holsteins Kunst · Schleswig-Holsteins Literatur – **Im Gedicht:** Berlin · Schleswig-Holstein – Schlesische **Kinderreime** – **Kinder- und Jugendspiele** aus Schleswig-Holstein 1 · aus Schleswig-Holstein 2 · aus Schleswig-Holstein 3 · aus Westfalen – **Kindheitserinnerungen** aus Berlin · aus Hamburg · aus Köln · vom Niederrhein · aus Oberschlesien · aus Ostpreußen · aus Pommern · aus Sachsen · aus Schlesien · aus Schleswig-Holstein · aus Westfalen – **Komponisten** aus Schleswig-Holstein – **Krippengeschichten** aus Deutschland – **Legenden** der kanadischen Indianer – **Lügengeschichten** aus Schleswig-Holstein – **Märchen** aus Baden-Württemberg · aus Mecklenburg · aus Niedersachsen · aus Schleswig-Holstein · aus Westfalen – **Redensarten** aus Hessen – **Aus dem Sagenschatz** der Brandenburger und Schlesier · der Franken · der Hessen · der Niedersachsen und Westfalen · der Ostpreußen und Pommern · der Sachsen · der Schleswig-Holsteiner und Mecklenburger · der Schwaben · der Thüringer – **Volkssagen** aus Niedersachsen – **Sagen** aus Baden-Württemberg · aus Franken · aus Hamburg · aus Mecklenburg · aus Schlesien · aus Schleswig-Holstein · aus Südtirol · aus Westfalen – **Schulerinnerungen** aus Franken · aus Hamburg · aus Mecklenburg · aus Niedersachsen · aus Ostpreußen · aus Schleswig-Holstein – **Schwänke** aus Bayern · aus Franken · aus Niedersachsen · aus Schwaben · aus Schleswig-Holstein – **Sprichwörter** aus Hessen · **Sprichwörter und Redensarten** aus Mecklenburg · aus Schleswig-Holstein – **Plattdeutsche Sprichwörter** aus Niedersachsen – **Weihnachtsgeschichten** aus Baden · aus Bayern · aus Berlin · aus Brandenburg · aus Bremen · aus Franken · aus Hamburg · aus Hessen · aus Köln · aus Mecklenburg · aus München · vom Niederrhein · aus Niedersachsen · aus Oberschlesien · aus Ostpreußen · aus Pommern · aus dem Rheinland und der Pfalz · aus Sachsen · aus Schlesien · aus Schleswig-Holstein 1 · aus Schleswig-Holstein 2 · aus Schwaben · aus dem Sudetenland · aus Thüringen · aus Westfalen · aus Württemberg – **Weihnachtsmärchen und Weihnachtssagen** aus Schleswig-Holstein – **Witze** aus Hamburg · aus Mecklenburg · aus Ostpreußen · aus Pommern · aus Sachsen · aus Schleswig-Holstein

HUSUM HUSUM DRUCK-
UND VERLAGSGESELLSCHAFT
Postfach 1480 · D-25804 Husum